20인의 스타플레이어에게 배우는

슈퍼스타 축구기술

지은이 에이든 레드넷지 Aiden Radnedge

영국 메트로 신문에 스포츠 관련 기사를 기고하고 있는 저널리스트이다.

옮긴이 홍재민

한양대 일어일문학과 졸업, 런던대 버벡컬리지 축구산업경영 석사. 2005년부터 3년간 런던에서 프리미어리그, UEFA챔피언스리그 등을 취재했다. 축구 전문매체 「스포탈코리아」를 거쳐 「포포투」의 편집장을 역임했다. 2014브라질월드컵, 유로2008/2012/2016, 2019아시안컵, UEFA챔피언스리그 결승전(2007, 2008, 2011, 2015) 등 국내외 축구를 현장 취재했다. 『한국인 프리미어리거 영웅전』을 썼고, 『세계 축구 명장의 전술』, 『누구보다 축구전문가가 되고 싶다』, 『스티븐 제라드』 등을 번역했으며 손흥민 자전 에세이 『축구를 하며 생각한 것들』을 정리했다.

20인의 스타플레이어에게 배우는
슈퍼스타 축구 기술

초판 1쇄 2020년 5월 1일
7쇄 2024년 12월 11일

지은이 에이든 레드넷지 **옮긴이** 홍재민
펴낸이 설응도 **편집주간** 안은주
영업책임 민경업

펴낸곳 라의눈

출판등록 2014 년 1 월 13일(제2019-000228 호)
주소 서울시 강남구 테헤란로 78 길 14-12(대치동) 동영빌딩 4층
전화 02-466-1283 **팩스** 02-466-1301

문의 (e-mail)
편집 editor@eyeofra.co.kr
마케팅 marketing@eyeofra.co.kr
경영지원 management@eyeofra.co.kr

ISBN : 979-11-88726-49-3 13690

이 책의 저작권은 저자와 출판사에 있습니다.
저작권법에 따라 보호를 받는 저작물이므로 무단전재와 복제를 금합니다.
이 책 내용의 일부 또는 전부를 이용하려면 반드시 저작권자와 출판사의 서면 허락을 받아야 합니다.
잘못 만들어진 책은 구입처에서 교환해드립니다.

Football Superstar Skills
Text and Design Copyright © Welbeck Publishing Group Limited 2019
Korean translation rights © Eye of Ra Publishing Co., Ltd. 2020
All rights reserved.
Published by arrangement with Welbeck Publishing Group Limited through AMO Agency.
이 책의 한국어판 저작권은 AMO 에이전시를 통해 저작권자와 독점 계약한 라의눈에 있습니다.
저작권법에 의해 한국 내에서 보호를 받는 저작물이므로 무단 전재와 무단 복제를 금합니다.

20인의 스타플레이어에게 배우는

슈퍼스타 축구 기술

에이든 레드넷지 지음 | 홍재민 옮김

라의눈

CONTENTS

6 시작하면서	30 볼 컨트롤, 퍼스트 터치
8 축구의 규칙	34 볼 헤딩하기
12 필드 위에서	38 드리블하기
14 경기 준비하기	40 터닝하기
16 킥하기	44 볼 빼앗기와 태클하기
18 슛하기	48 반칙과 핸드볼
22 패스하기	50 슈퍼 테크닉
26 감아 차는 패스	56 연습은 실전처럼, 실전은 연습처럼
28 발리슛	60 공간 찾기

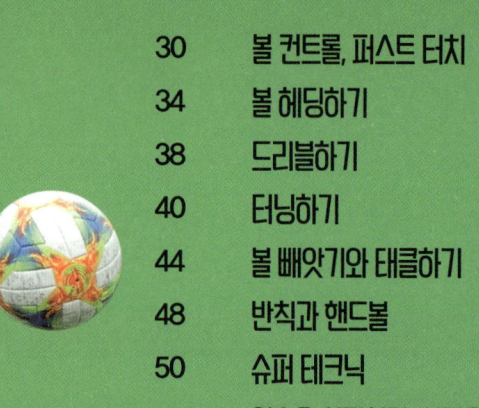

64 수비수 등지기	92 골키퍼 플레이
66 스로인과 코너킥	98 축구 역사를 빛낸 스타: 골키퍼
70 프리킥과 페널티킥	100 슈퍼스타들의 전설적인 개인기
74 공격 플레이	102 위대한 골 다섯 장면
78 축구 역사를 빛낸 스타: 공격수	104 축구 역사를 빛낸 지도자: 축구 명장
80 미드필드 플레이	106 팀 포메이션과 스타일
84 축구 역사를 빛낸 스타: 미드필더	108 용어 해설
86 수비 플레이	110 인덱스
90 축구 역사를 빛낸 스타: 수비수	112 감사의 말

시작하면서
비비아너 미데마의 편지

지금 여러분이 이 책을 읽고 있다면, 분명 축구에 대한 뜨거운 열정을 가졌을 것입니다.
이것은 제가 여러분께 드리는 첫 번째 조언이기도 해요. 그 열정을 절대 포기하지 마세요.

저는 네덜란드에서 태어나서 다섯 살 때부터 축구의 꿈을 키웠어요. 아버지와 할아버지께서는 젊은 시절 스트라이커로 활약했어요. 제가 축구선수가 되기로 한 가장 큰 동기였다고 할 수 있죠. 이제 여자 축구선수도 축구 꿈나무들에게 영감을 줄 수 있게 되어 매우 기쁩니다.

어렸을 때부터 저는 사내아이들과 함께 볼을 찼어요. 뛸 때마다 골을 넣었죠.
하지만 22살 나이에 네덜란드 여자 국가대표 역대 최다 득점자가 되리라곤 상상하지 못했어요.
여러분의 꿈도 언젠가 이루어질 것이라 믿어요.

프로축구선수가 되려면 피나는 노력과 강한 의지가 필요하답니다.
또한 축구를 즐기는 마음이 중요하죠. 운동장에서 친구들과 함께 마음껏 축구를 즐기세요.
어릴 적 제가 그랬던 것처럼요. 프로축구선수가 되기까지 필요한 과정은 사람마다 달라요.
하지만 이 책이 여러분에게 올바른 방향을 제시해줄 것이란 사실은 확실합니다.

신나게 즐기세요!

비비아너 미데마

* 2017년 유럽 챔피언, 2019년 여자 월드컵 준우승, 2016~17 UEFA 여자챔피언스리그 득점왕.

축구의 규칙
FIFA 규칙 바르게 이해하기

국제축구연맹(FIFA)이 발행하는 '축구 규칙'은 볼의 크기부터 선수의 태도에 이르기까지 모든 사항을 포함하고 있어요. 경기에서 주심과 부심이 이 규칙을 적용하게 되는데, 중요한 내용을 살펴보기로 해요.

규칙의 구성

축구 규칙은 아래와 같이 총 17개 조로 구성됩니다.

제 1조 필드
제 2조 볼
제 3조 선수의 수
제 4조 선수의 장비
제 5조 주심
제 6조 주심 외 심판들
제 7조 경기 시간
제 8조 경기 시작과 재개
제 9조 볼의 인플레이, 아웃오브플레이
제 10조 득점
제 11조 오프사이드
제 12조 반칙과 불법 행위
제 13조 프리킥
제 14조 페널티킥
제 15조 스로인
제 16조 골킥
제 17조 코너킥

필드

필드의 크기는 조금씩 차이가 있지만, 규칙이 정한 범위를 지켜야 해요. 팀은 자신들의 플레이스타일에 적합하도록 필드 크기를 정할 수 있어요.
측면 윙어를 주로 활용하는 팀은 폭이 넓은 필드를 좋아할 거예요. 반대로 수비 위주의 팀은 폭이 좁은 필드를 좋아하겠죠. 그래야 상대의 공격을 막기 쉬우니까요.
골대와 각 마크의 크기는 필드의 크기와 상관없이 일정합니다.

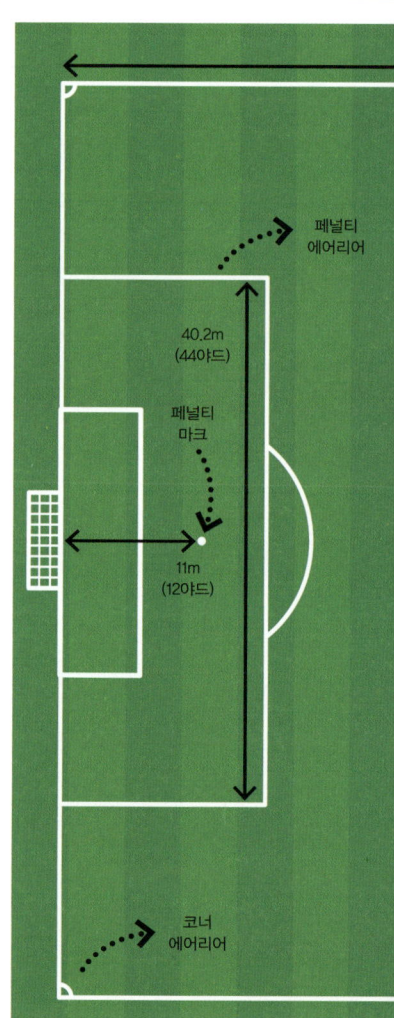

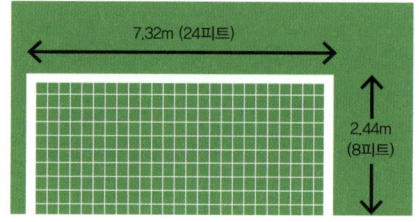

골대의 크기를 말할 때는 보통 야드 또는 피트 단위를 쓰지만, 한국에서는 그 길이를 미터로 환산해서 사용합니다.

주심과 심판들

경기 중 판정을 내리는 사람이 주심이고, 각 터치라인에 서 있는 2명의 부심이 주심을 보조해요. 터치라인 밖에 있는 대기심 1명은 선수 교체를 담당합니다.
메이저 대회에서는 비디오 보조 심판(Video Assistant Referee; VAR)을 배치해요. 리플레이 영상을 확인해서 판정에 문제가 있을 때, 주심에게 의견을 전달합니다. 그러면 주심은 터치라인 근처에 있는 스크린으로 영상을 직접 확인한 후 최종 결정을 내려요.

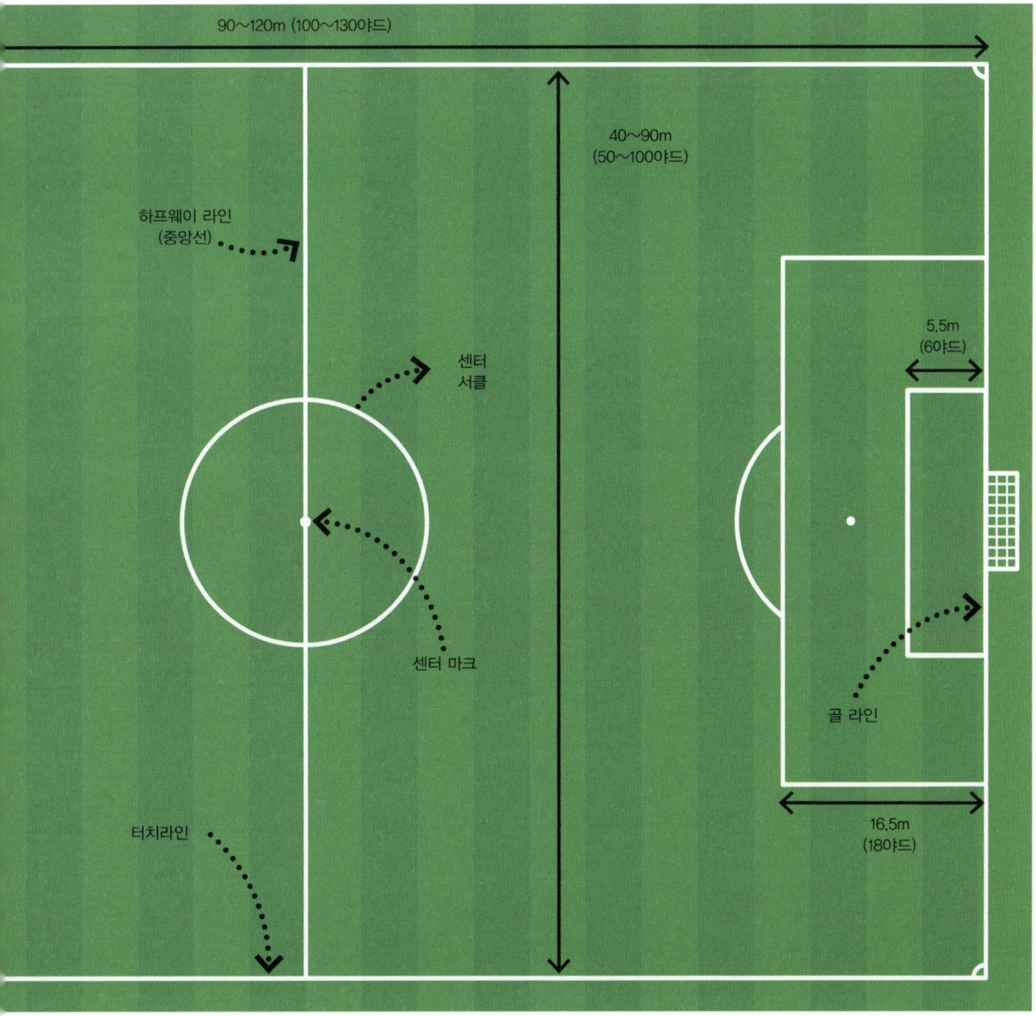

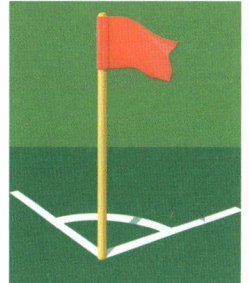

코너 에어리어는 반경 1m(3피트)의 ¼원이에요. 코너에 위치한 플래그의 높이는 최소한 1.5m(5피트) 이상이어야 합니다.

전후반전과 연장전
축구 경기는 90분간 진행되는데, 전반전 45분 후반전 45분으로 나눠서 해요. 대회에 따라서 연장전을 하는 경우도 있는데, 그때는 전후반 각 15분씩 합니다. 연장전으로도 승패를 결정하지 못하는 경우에는 승부차기로 최종 승자를 가려요.

선수

축구 경기에서 한 팀은 11명으로 구성되고, 그중 1명은 반드시 골키퍼여야 해요. 경기를 진행하기 위한 최소 인원은 7명입니다. 경기 중의 선수 교체는 한 팀당 3명까지 가능해요. 3명을 모두 바꾼 후에는 선수가 부상을 입어도 교체할 수 없어요. 감독은 새로운 선수를 투입해 팀의 포메이션과 플레이스타일을 바꿀 수 있기 때문에, 선수 교체는 매우 중요한 판단이라고 할 수 있어요.

반칙과 불법 행위

경기 중 반칙을 하면 상대 팀에 프리킥 또는 페널티킥을 주어요. 경기 진행을 방해하거나 욕설을 해도 간접 프리킥 대상입니다. 간접 프리킥이란 직접 슛을 하지 못한다는 의미예요. 반드시 동료에게 먼저 패스를 해야 되죠. 핸드볼, 거친 태클, 난폭한 행위에는 직접 프리킥이 주어집니다.
만약 페널티 에어리어 안에서 반칙이 발생하면 페널티킥이 주어져요. 페널티 마크에서 슛을 하는 키커는 상대팀 골키퍼만 막을 수 있어요. 주심은 심각한 반칙을 저지른 선수에게 옐로카드나 레드카드를 줄 수 있어요. 레드카드를 받은 선수는 즉시 필드에서 나가야 해요. 옐로카드를 두 번째 받은 선수 역시 퇴장해야 합니다.

핸드볼

축구에서 손을 사용할 수 있는 유일한 사람은 골키퍼, 그것도 페널티 에어리어 안에서만 허용돼요. 그 외에 손이나 팔로 볼을 다루면 상대팀에 프리킥을 주어요. 의도하지 않았더라도, 자연스럽지 않게 어깨 높이 위로 올라간 손이나 팔에 볼이 닿는다면 핸드볼 반칙이 될 수 있어요. 페널티 에어리어 안에서 수비할 때 손과 팔이 볼에 닿지 않도록 더 조심해야 해요. 자칫하면 상대 팀에게 페널티킥을 허용하게 되니까요.

> 우루과이의 마르틴 카세레스 선수가 프랑스 수비수 벵자멩 파바르를 피해 슛을 하고 있어요.

핸드 볼 반칙을 피하기 위해, 파바르 선수가 팔을 등 뒤로 돌린 채 수비하고 있어요.

오프사이드 반칙

오프사이드 반칙이란 말은 많이 들어보았죠? 상대 진영에서 가장 앞에 있는 공격수의 신체가 상대팀(골키퍼 포함) 중 마지막에서 두 번째로 있는 선수보다 골라인에 가까이 있으면 오프사이드 반칙입니다. 오프사이드 위치에 있는 선수는 플레이에 관여할 수 없어요. 그러니 오프사이드 위치에 있는 동료에게는 패스할 수 없어요. 이런 상황이 발생하면 상대 팀에 프리킥을 주게 되죠. 하지만 스로인, 코너킥, 골킥 상황에서는 오프사이드 규칙을 적용하지 않아요.

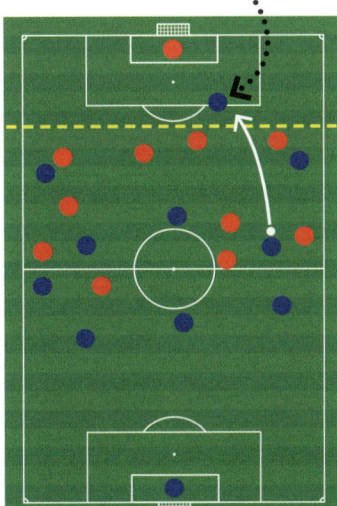

이 선수는 마지막 수비수보다 상대 골라인에 가까이 있기 때문에 오프사이드 반칙.

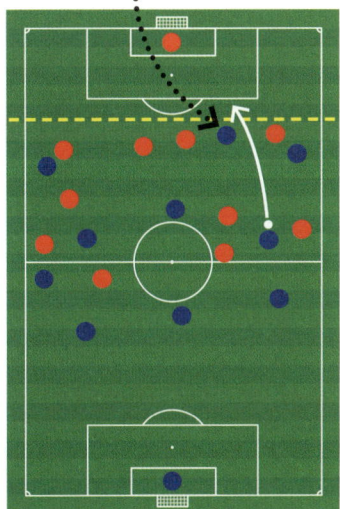

이 선수는 마지막 수비수와 동일 선상에 있기 때문에 오프사이드 아님 (즉 온사이드).

필드 위에서
선수, 유니폼, 장비 알아보기

다른 스포츠에 비해서 축구는 정말 단순한 경기예요. 필요한 것이라곤 여러분이 입을 유니폼과 볼, 그리고 필드뿐이죠. 축구 규칙에서는 모든 선수가 반드시 유니폼 상하의, 양말, 신패드(종아리보호대), 축구화를 착용해야 한다고 정하고 있어요.

두 팀은 쉽게 구별할 수 있는 색깔의 유니폼을 입어야 해요. 경기 중 주심이 선수가 속한 팀을 쉽게 구별할 수 있어야 하기 때문이죠. 팀은 유니폼 색깔로 자신들의 정체성을 나타내기 때문에, 많은 팬들이 자신이 응원하는 팀의 레플리카 유니폼을 입어요. 경기 중 신체를 보호하기 위해서는 장비를 잘 착용해야 해요. 특히 달리거나 볼을 차는 플레이에서 다치지 않으려면 반드시 제대로 된 축구화가 필요해요. 신패드는 충돌했을 때 다리 아래 부위를 보호해주어요.

유니폼의 상하의는 반드시 분리되어야 해요. 위아래가 붙어 있는 디자인은 허용되지 않아요.

아웃필드 플레이어

골키퍼를 제외한 10명의 선수는 같은 유니폼을 입어야 해요. 경기 중 흐르는 땀을 흡수하기 위해 유니폼은 대부분 합성섬유로 만들어요. 종아리뼈를 보호해주는 신패드는 단단한 플라스틱 재질로 만드는데 양말 안에 착용해요. 축구화의 바닥에는 올록볼록한 스터드가 달려 있어요. 필드에서의 접지력을 높여주기 위해서죠. 나사처럼 끼우는 형태의 스터드도 있고, 바닥과 일체형인 스터드도 있어요.

양말은 신패드를 고정할 수 있는 높이까지 올려 신어야 해요.

축구화는 가벼우면서도 튼튼해야 해요.

축구공

공인구의 지름은 22cm(8.7인치), 무게는 약 450g(16 온스)입니다. 14세 이하의 어린이들은 이보다 작고 가벼운 볼을 사용할 수 있어요. 작은 볼은 좁은 공간에서 즐기는 풋살 등에서 사용되기도 해요.

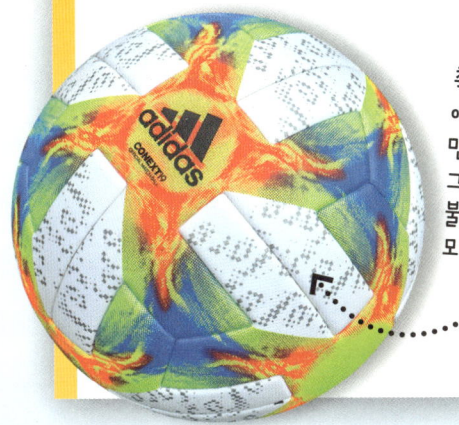

adidas
CONEXT19
축구공의 표피는 여러 조각을 접합해 만들어지고, 그 안에 공기를 불어넣어 동그란 모양을 유지해요.

골키퍼 장갑

골키퍼는 슛을 막을 때 손가락을 보호하기 위해 특별한 장갑을 착용해요. 이 장갑은 마찰력을 극대화해서 볼을 잡기 쉽게 해주는 역할도 하죠.

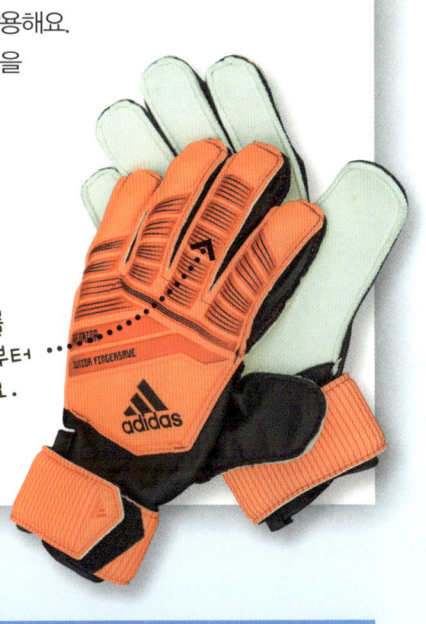

adidas
손가락 주변에 특별한 보호 장치를 해서 강한 슛으로부터 골키퍼를 지켜줘요.

골키퍼

골키퍼는 전용 장갑뿐 아니라 팀의 다른 선수들과 구분되는 색깔의 유니폼을 입어요. 골대 앞에서 발생하는 복잡한 상황에서, 유일하게 손을 사용할 수 있는 골키퍼를 쉽게 구분하기 위한 조치예요. 골키퍼는 경기 중 몸을 날리는 플레이를 하는 경우가 많아요. 그래서 하의에 푹신한 쿠션을 덧대기도 한답니다.

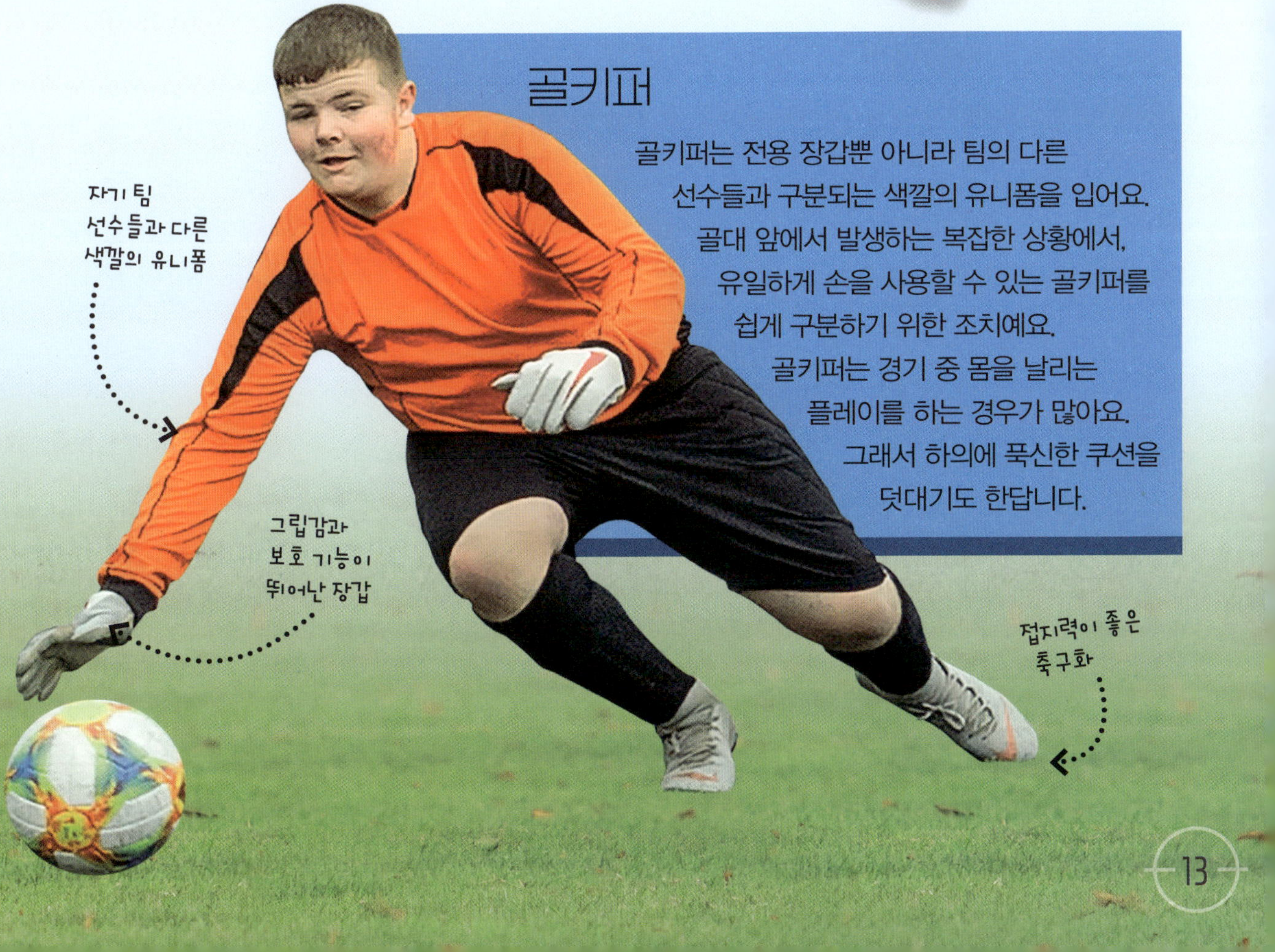
자기 팀 선수들과 다른 색깔의 유니폼
그립감과 보호 기능이 뛰어난 장갑
접지력이 좋은 축구화

경기 준비하기
킥오프 전에 해야할 일

모든 선수는 경기가 시작되자마자 뛸 수 있도록 미리 준비를 해야 해요. 준비란 무엇일까요? 우선 유니폼과 장비를 규정에 맞게 갖추는 것, 그리고 워밍업으로 몸을 예열시키는 것을 말해요. 준비가 되어 있지 않다면 경기가 시작되자마자 골을 먹을 수도 있어요!

모든 장비가 깨끗한지, 정확히 착용했는지를 먼저 확인하세요. 정해진 워밍업 메뉴를 착실하게 소화하는 것이 중요한데, 경기에 대비해 몸과 마음 모두를 준비시켜주기 때문이에요. 워밍업은 약간 숨이 찰 정도로 하는 게 좋아요. 그래야 심장 박동이 빨라지고 근육이 부드럽게 이완된답니다.

축구화

축구화는 자기 발에 꼭 맞으면서 편안해야 해요. 가죽을 부드럽게 유지하기 위해서 주기적으로 닦아주는 게 좋아요. 축구화가 젖었다면 그늘진 곳에서 자연 건조하세요. 온열기 앞에 두면 가죽에 금이 갈 수 있어요.

신패드

신패드는 충격을 흡수해서 정강이를 보호해주는 역할을 합니다. 정확한 위치에 신패드를 댄 상태에서 양말을 신어 고정해주면 돼요. 훈련할 때도 신패드를 착용하면 어색한 느낌이 빨리 없어질 거예요.

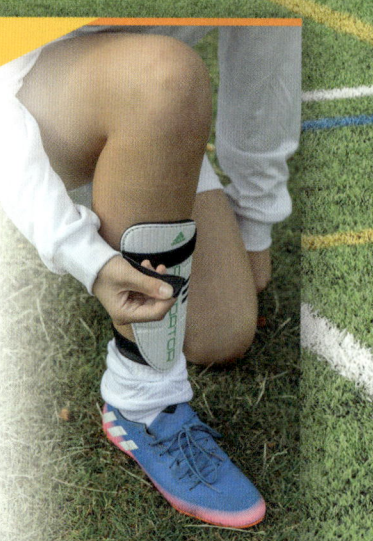

긴 머리

머리가 긴 친구들은 경기 전에 뒤쪽으로 넘겨 단단히 묶으세요. 귀걸이, 목걸이, 반지 등의 액세서리는 상대에게 상처를 줄 수 있으니 경기에 들어가기 전에 빼놓으세요. 마지막으로 손톱도 잘 정리해주세요.

> 대표적인 워밍업 훈련은 가벼운 조깅과 단거리 전력 질주로 구성됩니다.

워밍업 루틴

코치 선생님마다 워밍업을 하는 순서가 조금씩 다를 수 있어요. 처음에는 천천히 움직이면서 몸의 관절을 풀어줘야 해요. 보통은 조깅으로 시작해서 패스와 단거리 전력 질주로 이어지고, 큰 스트레칭 동작으로 마무리하게 되죠. 워밍업을 잘해서 근육을 늘여주어야 경기 중 부상을 막을 수 있어요.

최고의 꿀팁

경기 전 워밍업을 할 때 유니폼 위에 훈련복을 입으세요. 체온을 따뜻하게 유지할 수 있어요.

워밍업에는 꼭 방향 전환 훈련이 포함되어야 해요. 콘을 놓고 지그재그 방향으로 드리블하는 훈련은 근육을 풀어주는 것과 동시에 볼 컨트롤 감각도 향상시켜줍니다.

킥하기

해리 케인의 킥 기술

손흥민의 토트넘 홋스퍼 동료인 해리 케인처럼 정상급 선수는 정교한 인사이드 킥부터 강력한 슛까지 다양한 방법으로 볼을 찰 수 있답니다. 어떤 종류의 킥이라도 정확한 기술이 기본이고, 완벽해지기 위해서는 많은 연습이 필요해요.

강슛의 비밀은 깔끔한 연결 동작에 있어요. 볼 옆에 디딤발을 놓을 때는 볼을 차려는 방향에 맞춰야 해요. 몸의 자세 또한 중요해요. 멀리 차려면 상체를 뒤로 젖혀야 하고, 낮고 빠르게 보내려면 앞으로 수그려야 해요.

확실한 마무리

잉글랜드의 최고 골잡이 해리 케인은 최전방에서 혼자 공격을 담당하는 '전통적 센터포워드'라고 할 수 있어요. 경기 흐름을 잘 읽기 때문에 유리한 위치를 선점하죠. 클럽과 대표팀 모두에서 많은 골을 넣은 케인은 2018년 러시아 월드컵의 득점왕이기도 해요.

페널티킥을 차는 해리 케인, 끝까지 시선을 볼에서 떼지 않는 모습이 인상적이에요.

선수 프로필

이름:	해리 케인
국적:	잉글랜드
출생:	1993년 7월 28일
클럽:	토트넘 홋스퍼(잉글랜드)
포지션:	포워드
주발:	오른쪽

- 속도
- 패스
- 드리블
- 수비
- 슛
- 체력

축구화 부위별 명칭

발의 안쪽(인사이드)과 바깥쪽(아웃사이드)을 이용해 차면 볼에 회전을 줄 수 있어요. 강슛이나 발리슛을 위해서는 인스텝 부위(발등 부분)로 차야 합니다.

아웃사이드

인사이드

인스텝

인스텝 킥

강한 라인드라이브 킥을 하려면 발의 인스텝 부위로 볼을 차야 해요. 축구화 끈이 위치한 발등 부위라고 생각하면 쉬워요.

다리를 뒤로 뺀 순간부터 볼을 찰 때까지, 볼에서 시선을 떼면 안 됩니다.

깔끔한 임팩트를 위해서는 볼의 중앙을 차야 해요.

인사이드 킥

볼 옆에 디딤발을 단단히 놓고, 차려는 발을 뒤로 뺐다가 발목의 안쪽을 이용해 차는 거예요. 강하게 차려면 킥을 한 다음의 팔로스루(follow through: 이어지는 동작)를 크게 가져가야 해요.

킥을 하는 과정에서 발의 옆면이 유지되도록 하세요.

칩 킥

상대 선수의 머리 위로 넘어가도록 볼을 공중으로 띄우는 킥을 말해요. 발가락을 앞쪽으로 기울여서 볼의 아랫부분을 차는 게 요령이에요.

볼을 찬 직후, 발 앞쪽이 위를 향해야 합니다.

슛하기
크리스티아누 호날두의 슛 기술

세계 최고의 골잡이 호날두는 아주 쉽게 골을 넣는 것처럼 보여요. 높은 수준의 기술과 빠른 반응력, 무엇보다 자기 주변에서 벌어지는 상황을 정확히 파악하는 인지 능력 덕분이라고 볼 수 있어요.

스트라이커가 팀의 득점을 책임지긴 하지만 어떤 선수든 골을 넣을 수 있어요. 그래서 모든 선수들이 슛 연습을 해야 되죠. 뛰어난 골잡이가 되려면 기술 연마에 공을 들여야 해요. 어떻게 도움닫기를 하고 어떻게 킥을 할지에 집중하면서, 전체 동작의 균형을 유지해야 하는 거예요. 기술을 익힌 다음에는 힘을 길러야 하죠. 19~21페이지에서 설명하는 네 단계가 아주 중요합니다.

> 포르투갈 국가대표팀 경기에서 크리스티아누 호날두가 완벽한 슈팅 자세를 보여주고 있어요.

선수 프로필

이름:	크리스티아누 호날두
국적:	포르투갈
출생:	1985년 2월 5일
클럽:	유벤투스(이탈리아)
포지션:	포워드
주발:	오른쪽

- 속도
- 패스
- 드리블
- 수비
- 슛
- 체력

포르투갈의 슈퍼스타

스피드와 신체 능력, 최고의 기술까지 크리스티아누 호날두는 치명적인 골잡이입니다. 필드 위 어느 위치에서라도 골을 넣을 수 있어요. 그중에서도 중거리 슛과 정교한 프리킥은 일품입니다. 평소 강력한 슈팅을 위해 열심히 훈련한 덕분에 경기마다 최상의 플레이를 보여줄 수 있다고 해요.

호날두가 독일팀을 상대로 강슛을 때리기 직전의 자세입니다.

슛의 목표 지점을 정하라

1 상대팀의 최종 수비수인 골키퍼와 맞선 상황에서 어느 지점을 향해서 슛을 할지 결정해야 해요. 아래 그림에서 녹색으로 표시된 부분을 노려서 슛을 하면 골키퍼를 무너뜨릴 수 있어요.

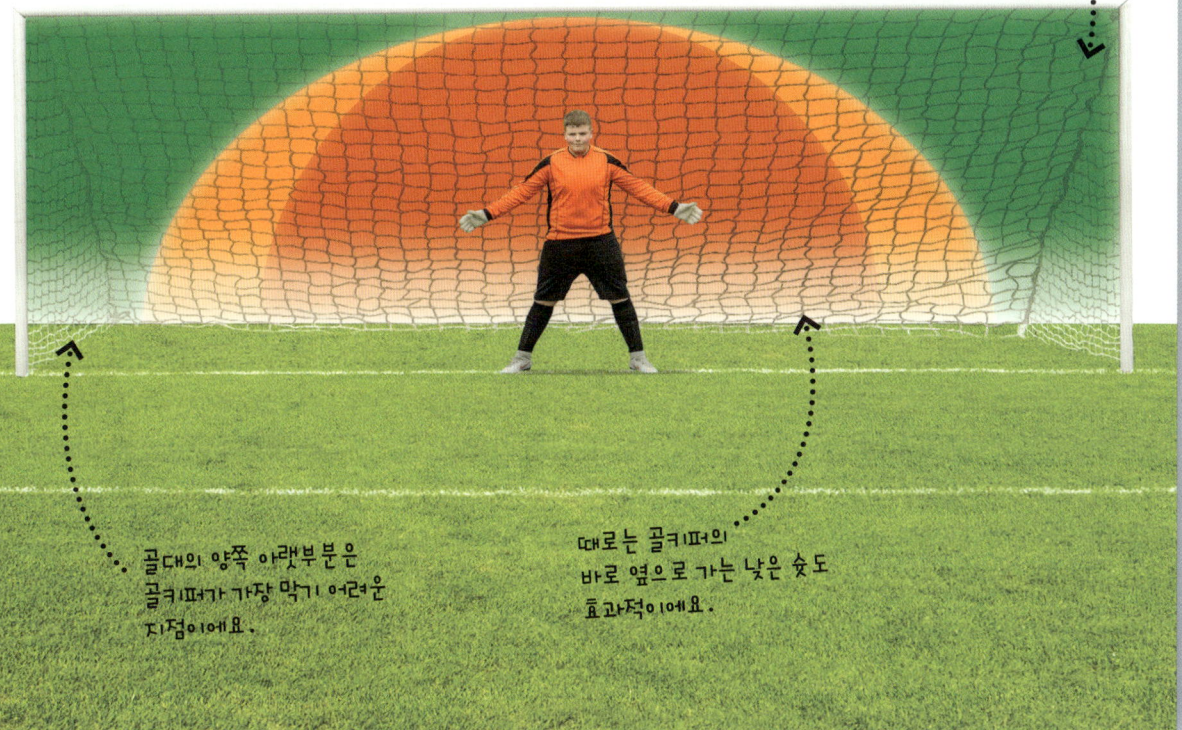

골대 위쪽 구석을 뜻하는 '톱 코너'는 상대 골키퍼의 방어가 미치기 어려운 곳이에요.

골대의 양쪽 아랫부분은 골키퍼가 가장 막기 어려운 지점이에요.

때로는 골키퍼의 바로 옆으로 가는 낮은 슛도 효과적이에요.

슛의 종류를 선택하라

슛을 하기 전, 어떤 기술을 쓸지 선택해야 해요. 가장 정확한 것은 인사이드 슛이고, 가장 강력한 것은 팔로스루(이어지는 동작)가 큰 인스텝 슛입니다(17페이지 참고). 볼의 중앙과 윗부분 사이를 때려서 낮고 빠른 슛을 하거나, 볼의 아랫부분을 때려서 골대의 높은 지점을 노릴 수 있어요.

인사이드 슛은 볼을 목표한 지점으로 정확히 보낼 수 있어요.

강슛을 하려면 인스텝으로 확실하게 세게 차야 해요.

최고의 꿀팁

조급한 슈팅은 금물이에요. 침착하고 자신 있게 슛을 하는 습관을 들이세요.

슛하기

3 슛을 제대로 하기 위해서는 볼 옆의 정확한 위치에 디딤발을 놓아야 해요.

머리를 숙여 끝까지 볼을 보아야 해요.

팔을 이용해 몸의 균형을 잡아요.

디딤발은 슛하는 방향으로 단단하게 고정해야 합니다.

4 슛을 한 후에도 눈은 볼을 보고 있어야 해요. 슛을 때린 발의 팔로스루(이어지는 동작)는 슛하려는 목표 지점과 같은 방향이어야 합니다.

발끝의 팔로스루는 목표 지점을 향해야 해요.

기술 연습

- 볼의 정확한 지점을 때릴 수 있도록 반복해 연습하기.
- 상대 수비수를 가상한 패널을 세워놓고, 실전과 같은 상황을 만들어 훈련하기.
- 상대 수비수 패널을 골대 쪽에 점점 더 가깝게 두고, 슈팅을 좀 더 정교하게 연습하기.
- 장거리, 중거리, 단거리로 거리를 다양하게 바꿔가며 반복 연습하기.

축구를 하면서 슛을 해서 골을 터뜨리고 함께 뛴 동료들과 기쁨을 나누는 것만큼 짜릿한 일은 없을 거예요.

패스하기
프렝키 더용의 패스 기술

축구 경기에서 각 팀은 수백 개의 패스를 합니다. 볼의 빠른 운반은 상대 수비를 허무는 열쇠예요. 반대로 패스가 끊기면 곧바로 볼을 빼앗기게 되죠. 발의 다양한 부위를 이용해서 거리별로 패스를 연습해야 해요.

패스는 정확한 방향과 적당한 세기가 필요해요. 패스를 받을 동료가 달려가는 방향 앞쪽에 정확하게 배달해주어야 한다는 뜻입니다. 동료의 발 앞 지점으로 보내는 게 맞지만, 복잡한 경기 상황에 맞춰서 가장 확실하게 연결될 수 있도록 패스 방향을 선택할 줄 알아야 해요. 다양한 연습이야말로 최고의 패서(passer)가 되는 지름길이죠.

선수 프로필

- 이름: 프렝키 더용
- 국적: 네덜란드
- 출생: 1997년 5월 12일
- 클럽: 바르셀로나(스페인)
- 포지션: 미드필더
- 주발: 오른쪽

속도
패스
드리블
수비
슛
체력

> 프렝키 더용은 정확한 상황 판단하에 군더더기 없는 패스를 함으로써 볼을 쉽게 빼앗기지 않아요.

쇼트 패스

1 디딤발을 볼 옆에 두고 발 안쪽 부위(인사이드)를 이용해서 볼을 보내요. 움직이는 동료의 앞쪽을 겨냥해야 해요.

동료는 패스 지점을 예상해야 해요.

패스를 보내려고 하는 지점.

볼의 가운데 부분을 찹니다.

2 슛의 강도와 방향을 정확히 판단해야, 동료가 달리는 속도를 유지한 채로 패스를 받을 수 있어요.

패스의 정확도를 높여주는 팔로스루.

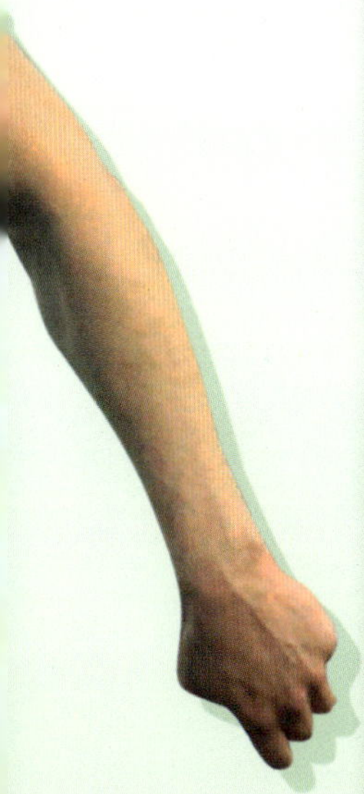

패스의 달인

2019년 바르셀로나는 아약스의 미드필더로 활동하던 프렝키 더용을 영입했어요. 빠르게 패스를 연결하는 바르셀로나 스타일에 안성맞춤이었기 때문이죠. 정확한 패스의 달인인 더용은 중원 아래쪽에서 패스를 분배해요. 그는 경기 중 가장 많은 패스를 기록하면서 공격 빌드업을 유지하는 역할을 합니다.

롱 패스

1 강한 킥을 위해서는 인스텝으로 차야 돼요(17페이지 참고). 볼 옆에 디딤발을 두고 차는 발을 뒤로 뺐다가 빠르게 휘둘러 볼의 가운데 부분을 차는 거예요. 이때 축구화 끈이 위치한 부분으로 찬다고 생각하면 됩니다.

동료는 손으로 패스를 받고 싶은 지점을 알려줘요.

킥 동작의 처음부터 끝까지 볼에서 시선을 떼지 마세요. 고개를 숙여 볼 위를 바라보는 상태에서 킥을 하면 낮게 깔아 찰 수 있어요.

최고의 꿀팁

높은 궤도의 롱 패스를 하려면 상체를 뒤로 젖힌 상태에서 볼의 중간 아랫부분을 차면 됩니다.

2 목표한 지점을 향해 팔로스루를 크게 하면 할수록 볼은 직선으로 날아가게 됩니다.

팔로스루를 할 때, 축구화의 앞코가 패스할 목표 지점을 향해야 합니다.

강하게 차면 볼이 빠를 뿐 아니라, 낮은 궤도로 날아가요.

백힐 패스

1 상대 수비수를 놀라게 할 수 있는 패스 방법이에요. 볼 옆에 디딤발을 놓고, 차는 발을 볼 위에 올려놓아요.

수비수가 전진 패스 방향을 막고 있어요.

동료는 백힐 패스에 대비해야 합니다.

2 축구화의 뒤꿈치 부분으로 볼의 가운데를 때려서 뒤에 있는 동료에게 보내요. 패스의 궤적이나 패스를 받을 동료를 보지 못하기 때문에 위험 부담이 있는 방법이기도 해요.

볼의 가운데 부분을 확실하게 때려야 볼을 정확히 보낼 수 있어요.

기술 연습

선수들이 원형으로 둥글게 서서 패스를 주고받는 연습을 하는 것을 '론도(rondo)'라고 불러요. 원 안에 2명을 배치해서 중간에서 패스를 가로채는 역할을 하게 합니다.

감아 차는 패스

멤피스 데파이의 패스 기술

공중에서 휘어지는 패스는 웬만해선 막기가 어려워요. 볼의 한쪽을 차서 회전을 주면 휘어서 날아가게 되는 거예요. 패스를 막고 있는 수비수의 옆으로 돌아 들어가는 패스 방법이라고 할 수 있습니다.

프리킥 지점에 장난감 공을 놓고 연습하면(옆 페이지 참고) 기술을 쉽게 익힐 수 있어요. 패스를 보낼 방향에 집중하면서 볼과 비스듬한 각도로 도움닫기를 하는 게 중요해요. 볼에서 약간 떨어진 지점에 디딤발을 둔 상태로 볼의 한쪽 부분을 강하게 때려야 해요.

선수 프로필

- 이름: 멤피스 데파이
- 국적: 네덜란드
- 출생: 1994년 2월 13일
- 클럽: 올랭피크 리옹(프랑스)
- 포지션: 포워드
- 주발: 오른쪽

속도
패스
드리블
수비
슛
체력

감아 차기의 달인

멤피스 데파이 선수는 빠르게 휘어지면서 날아가는 킥으로 상대 골문을 위협하는 것으로 유명합니다. 먼 거리라고 해도 강하게 감아 차는 킥은 아주 위력적이에요. 데파이 선수는 네덜란드 국가대표팀과 프랑스 명문 구단 리옹에서 활약 중이에요.

> 멤피스 데파이가 국가대표팀 경기에서 왼쪽으로 날카롭게 꺾이는 킥을 하고 있어요.

볼 임팩트

 오른발로 차서 왼쪽으로 휘어지는 킥을 하고 싶으면, 발의 안쪽 부위를 이용해서 볼의 오른쪽 부분을 감아 차면 됩니다.

2 오른발로 차서 오른쪽으로 휘어지는 킥을 하고 싶으면, 발의 바깥쪽 부위를 이용해서 볼의 왼쪽을 감아 차면 됩니다.

인사이드 풋

아웃사이드 풋

팔로스루

3 볼을 찬 직후에 팔로스루를 충분히 해줘야, 킥에 힘을 실을 수 있을 뿐 아니라 회전력도 최대한으로 올릴 수 있어요.

상체를 뒤로 젖히면 볼을 높이 띄울 수 있어요.

오른발로 찰 경우, 목표보다 약간 오른쪽 지점을 보고 찹니다.

발리슛
가레스 베일의 발리 기술

공중에 떠 있는 볼을 그대로 때리는 슛을 '발리'라고 해요. 뛰어난 기술과 집중력이 필요하죠. 볼의 높이와 타이밍을 주의 깊게 계산해야 정확한 킥이 가능하답니다. 타이밍을 맞추지 못하면 강력한 발리슛을 할 수 없어요.

여러분이 발리의 기본 기술을 이미 알지도 모르지만, 볼의 상황에 따라서 자신의 위치와 자세를 조절할 수 있어야 해요. 볼이 땅에서 튕겨 나오자마자 때리는 하프발리 기술도 있답니다. 기본기를 익힌 다음에는 창의력을 발휘해서 오버헤드킥에도 도전해보세요. 물론 코치 선생님의 지도가 필요하다는 점을 잊지 마세요.

웨일스 국가대표팀의 에이스, 가레스 베일이 엄청난 집중력으로 강력한 측면 발리슛을 선보이고 있어요.

선수 프로필

- **이름:** 가레스 베일
- **국적:** 웨일스
- **출생:** 1989년 7월 16일
- **클럽:** 레알 마드리드(스페인)
- **포지션:** 포워드
- **주발:** 왼쪽

속도
패스
드리블
수비
슛
체력

웨일스의 마법사

웨일스의 슈퍼스타, 가레스 베일은 번개 같은 스피드와 치명적인 프리킥이 특징이에요. 여기에 강력한 발리슛으로 상대 수비를 단번에 무너뜨립니다. 가장 인상적인 발리슛은 2018년 UEFA챔피언스리그 결승전에서였어요. 리버풀과의 경기에서 베일은 엄청난 오버헤드 발리킥으로 골을 터뜨렸죠.

전방 발리슛

자신의 앞으로 떨어지는 볼이 필드에 닿기 전에 때리는 방법입니다. 인스텝 부위로 때려야 강력한 슛을 할 수 있다는 점을 명심하세요.

눈은 항상 볼을 주시해야 해요.

팔로스루가 킥의 정확도를 높여줍니다.

상체를 약간 뒤로 젖힌 자세에서 공중에 뜬 볼을 직접 때려요.

측면 발리슛

자신의 옆으로 떨어지는 볼이 필드에 닿기 전에 바로 때리는 기술입니다. 차는 발을 반원 모양으로 휘둘러서 인스텝 킥을 시도해보세요.

볼에서 약간 떨어진 곳에서 자세를 취해, 킥 동작을 위한 거리를 확보해야 합니다.

볼이 떨어질 때부터 발로 찰 때까지 시선을 볼에 고정하세요.

볼 컨트롤, 퍼스트 터치

킬리앙 음바페의 볼 컨트롤 기술

정확한 위치에 패스만 해도
득점 기회를 만들 수 있어요.
볼을 제대로 받지 못하면
그 기회가 날아가 버리죠. 모든 선수는 부드러운
'퍼스트 터치'로 볼을 완벽하게 다룰 줄 알아야 해요.

퍼스트 터치란 발로 볼을 다루는 첫 번째 임팩트를 말해요.
즉 퍼스트 터치는 다음 동작(패스나 슛)으로 넘어가기 쉽도록
해야 하는 거예요. 경기 중에는 다양한 높이, 다양한 세기의
공이 여러분에게 날아와요.
몸의 각 부위를 이용해서 모든 볼을 확실하게 받을 수 있도록
연습해야 합니다. 지금부터 다양한 신체 부위로 볼을 받는
방법을 배워볼 거예요.

선수 프로필

- **이름:** 킬리앙 음바페
- **국적:** 프랑스
- **출생:** 1998년 12월 20일
- **클럽:** 파리 생제르맹(프랑스)
- **포지션:** 포워드
- **주발:** 오른쪽

- 속도
- 패스
- 드리블
- 수비
- 슛
- 체력

> 프랑스의 슈퍼스타 킬리앙 음바페가 부드러운 '퍼스트 터치'로 볼을 완벽하게 다루고 있어요.

사이드풋 트래핑

여러분을 향해 굴러오는 볼을 멈추게 하려면 발 안쪽을 이용하세요. 발의 옆면은 움직이는 볼을 가장 쉽고 안정적으로 멈춰 세울 수 있는 부위입니다.

최고의 꿀팁

양쪽 발을 이용한 리프팅 연습을 반복하면 볼 컨트롤 능력을 익힐 수 있어요.

나를 향해 굴러오는 볼을 끝까지 봐야 합니다.

빠르게 굴러오는 볼일수록 발의 힘을 빼고 부드럽게 세웁니다.

볼의 가운데 부분에 맞도록 발을 갖다 대세요.

프랑스 센세이션

프랑스의 킬리앙 음바페는 놀라운 볼 컨트롤과 슈팅 능력으로 문전에서 상대를 괴롭히는 선수로 유명해요. 뛰어난 재능으로 현재 세계에서 가장 높은 몸값을 자랑하죠. 2018 러시아월드컵 결승전에서 골을 터뜨렸는데, 브라질 축구 황제 펠레에 이어서 결승전 최연소 득점 2위를 기록했어요.

공중 볼 트래핑

볼이 공중에 떠 있다면, 차는 발을 들어 발 안쪽 부위를 이용해서 볼을 다뤄야 해요. 볼이 닿는 순간에 발을 약간 뒤로 빼면 정확하게 자기 앞쪽에 떨어뜨릴 수 있어요.

최고의 꿀팁
긴장을 푸는 것이 중요해요. 몸에 힘이 많이 들어가면 볼이 멀리 튕겨 나가기 때문이에요.

- 똑바로 서서 몸의 균형을 유지하세요.
- 여러분의 정면에 볼이 떨어지도록 위치를 잡으세요.
- 발의 안쪽을 이용해서 볼을 받아요.

허벅지 트래핑

가슴 아래 높이로 날아오는 볼은 허벅지 앞쪽을 이용해서 받아보세요. 다양한 방향에서 오는 볼을 양쪽 허벅지로 받는 연습을 많이 하세요.

- 볼이 닿는 순간 무릎을 뒤로 살짝 빼서, 볼의 세기를 줄여주세요.
- 양쪽 팔을 들어 몸의 균형을 유지하세요.

가슴 트래핑

머리 아래 높이로 날아오는 볼은 가슴을 이용해서 받아요. 볼의 세기를 줄이는 동시에 자신의 주발 앞 지점에 떨어뜨릴 수 있어요.

가슴으로 볼을 받는 순간 볼의 세기가 뚝 떨어져요.

양쪽 팔을 바깥으로 벌린 자세가 좋아요.

상체를 뒤로 젖혀서 균형을 잡으세요.

머리 트래핑

높은 곳에서 떨어지는 볼은 이마로 받으면 됩니다. 상체를 뒤로 젖히면서 볼을 받으면 자기 앞쪽에 부드럽게 떨어지게 할 수 있어요.

머리를 뒤로 빼면서 볼의 속도를 줄입니다.

두 다리를 적당히 벌리면 균형을 잡기가 좋아요.

기술 연습

볼 트래핑의 기본기를 익혔다면, 아래의 훈련을 통해 보다 정교한 기술을 익혀보세요.

 다양한 방향에서 다양한 세기로 날아오는 볼을 발, 허벅지, 가슴, 머리로 받기.

 트래핑 후에 곧바로 패스 보내기.

 수비수가 가까이 있는 상황에서 연습하기.

볼 헤딩하기

로멜루 루카쿠의 헤더 기술

헤더는 정말 유용한 기술이에요. 축구 경기에서 5골 중 1골은 머리에서 나온다고 할 정도이니까요. 스트라이커라면 반드시 강한 헤더 기술을 익혀야 해요. 또한 헤더는 수비를 할 때도 중요해요. 상대의 크로스나 롱 패스를 걷어내는 데에 이만한 기술이 없기 때문입니다.

공격수가 헤더로 골키퍼를 무너뜨리려면 힘과 정확도가 필요해요. 반대로 수비수의 헤더는 위험 상황을 막기 위한 것이므로 높고 길게 보내야 해요. 어떤 종류의 헤더를 연습하든 우선 볼에서 눈을 떼어서는 안 돼요. 그리고 온몸을 이용해서 세기를 조절해야 해요. 지금부터 다양한 헤더를 익히는 방법을 소개해볼게요.

파워와 테크닉

큰 키와 엄청난 파워를 자랑하는 벨기에의 골잡이, 로멜루 루카쿠는 자신이 넣는 골의 약 25%는 머리에서 나온다고 말해요. 수비수들 틈에서 높은 점프력으로 뛰어오른 다음, 자신의 장점을 살려 상대 골문을 흔드는 거예요.

선수 프로필

- **이름:** 로멜루 루카쿠
- **국적:** 벨기에
- **출생:** 1993년 5월 13일
- **클럽:** 인테르나치오날레(이탈리아)
- **포지션:** 포워드
- **주발:** 왼쪽

- 속도
- 패스
- 드리블
- 수비
- 슛
- 체력

> 브라질 수비수 미란다와의 몸싸움에서 이긴 로멜루 루카쿠가 공중 볼을 머리로 따내고 있어요.

점프 타이밍 판단하기

성공적인 헤더의 열쇠는 바로 타이밍! 우선 상대 수비수와의 몸싸움에서 이겨서 볼을 따내야 해요. 공격을 위한 헤더는 정확한 방향, 그리고 점프의 제일 높은 위치에서 날아오는 볼을 머리에 맞히기 위한 타이밍이 아주 중요합니다. 골을 넣으려면 헤더를 아래쪽으로 조준해야 해요.

> 벨기에의 스타 공격수, 로멜루 루카쿠는 건장한 상체의 반동을 이용해 강력한 헤더를 선보여요.

상대보다 높이 점프하기

볼이 날아오면 한쪽 발로 점프를 해요. 정확한 타이밍을 잡아야 가장 높은 지점에서 볼을 머리에 맞힐 수 있어요.

> 수비를 위한 헤더는 볼의 아랫부분을 머리에 맞혀야 해요. 그래야 볼이 높이 뜹니다.

헤더 트래핑

날아오는 볼을 이마로 받아 자기 앞쪽에 떨어뜨리는 기술입니다. 머리에 볼이 맞는 순간, 고개를 들고 몸을 활 모양으로 구부려주세요.

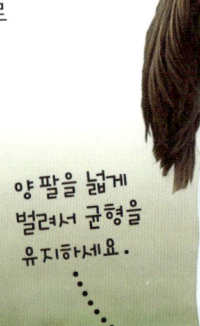

볼의 속도를 줄여서 발 앞에 정확히 떨어뜨리세요.

양 팔을 넓게 벌려서 균형을 유지하세요.

최고의 꿀팁
볼을 완벽하게 컨트롤하려면 볼이 이마의 한가운데 부분에 맞아야 해요.

파워 헤더

1 볼이 날아오는 궤적을 만나는 방향으로 뛰어올라요. 가장 높게 점프한 지점에서 이마에 볼을 맞혀야 합니다.

양팔을 앞으로 들어서 점프에 힘을 실어주세요.

2 볼을 강하게 맞히기 위해서는 목 근육에 힘을 주어야 합니다.

볼에서 시선을 떼지 말고, 앞으로 밀어내는 힘으로 볼을 맞혀요.

하체를 이용해서 강하게 버텨요.

방향 전환 헤더

1 공중에 뜬 볼을 안전한 곳으로, 또는 동료가 있는 지점으로 보내는 기술이에요.

양팔을 넓게 벌려 균형을 잡아요.

처음에는 제자리에서 정확히 방향을 바꾸는 연습을 해요.

2 이마에 정확히 맞히는 동시에 고개를 다른 방향으로 틀어서 볼의 방향을 바꿔보세요.

볼을 보내고 싶은 방향으로 고개를 틀어줍니다.

다이빙 헤더

많은 연습이 필요한 기술이에요. 문전에서 슛을 한다면, 이마로 볼의 가운데 윗부분을 정확히 맞혀서 슛의 궤도가 아래쪽을 향하게 해줘야 합니다.

두 다리로 땅을 힘차게 밀어내어요.

이마로 볼을 맞힐 때까지 시선을 떼지 않아요.

양팔을 이용해서 떨어질 때의 충격을 줄여주세요.

드리블하기
리오넬 메시의 드리블 기술

수비수를 상대할 때 발에 볼을 달고 가는 기술을 드리블이라고 해요. 볼을 다루면서 번개처럼 수비수들 사이를 통과하는 드리블 돌파만큼 축구 경기에서 눈길을 끄는 기술은 없어요. 상대를 속이는 몸동작과 창의력이 필수적이에요.

항상 컨트롤이 되도록 볼을 발 가까이 두는 것이 드리블의 열쇠예요. 컨트롤이 안 되는 즉시 볼을 빼앗기기 때문이죠. 드리블은 균형 감각과 함께 양발을 모두 사용할 수 있어야 해요. 드리블 연습할 때는 볼을 반걸음 안에 두어야 한다는 점을 명심하세요. 기술이 좋은 선수는 방향을 바꾸는 것도 아주 빠르답니다. 상대가 있는 상태에서 연습해보세요.

> 아르헨티나의 슈퍼스타, 리오넬 메시는 볼을 발 가까이에 두고 드리블하는 것이 특징이에요.

선수 프로필

- 이름: 리오넬 메시
- 국적: 아르헨티나
- 출생: 1987년 6월 24일
- 클럽: 바르셀로나(스페인)
- 포지션: 포워드
- 주발: 왼쪽

속도
패스
드리블
수비
슛
체력

발로 툭툭 밀기

1 양쪽 발을 모두 사용해서 볼을 컨트롤해요. 발 앞쪽에 볼을 두어야 빨리 방향을 바꿀 수 있어요.

몸의 균형을 잘 잡아야 컨트롤하기가 쉬워요.

시선은 자신을 막는 상대에게 두어야 해요.

2 일정한 속도를 유지하며 드리블을 해야, 볼을 발 가까이에 둘 수 있어요.

볼이 발에서 너무 멀리 떨어지면 상대에게 빼앗기기 쉬워요.

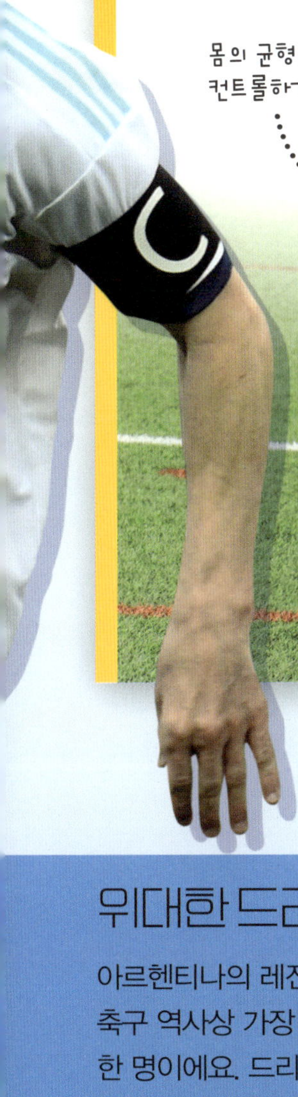

위대한 드리블러

아르헨티나의 레전드, 리오넬 메시는 축구 역사상 가장 위대한 선수 중 한 명이에요. 드리블 컨트롤 능력이 워낙 뛰어나서, 볼이 발에 붙어 있는 것처럼 보이죠. 키는 작지만 힘이 좋고 균형 감각과 테크닉을 모두 갖췄어요. 13세부터 뛰어온 소속팀 바르셀로나에서 경이적인 득점력을 선보이고 있답니다.

기술 연습

막대나 콘을 일정한 간격으로 놓고, 그 사이로 볼을 몰아보세요. 처음엔 오른발, 다음엔 왼발, 마지막엔 양발을 모두 사용해서 연습해요.

터닝하기
다비드 실바의 터닝 기술

최고의 드리블러, 다비드 실바는 다양한 개인기를 구사해요. 재빠른 터닝 동작으로 수비수를 따돌리죠. 상대의 무게중심이 쏠리는 반대쪽을 노리면, 공격수는 볼을 다룰 시간을 버는 것뿐 아니라 공간도 확보할 수 있어요.

터닝 기술은 스피드와 순발력, 인지능력을 고루 갖춰야 해요. 수비수가 붙어 있는 상태라면 좀 더 정교하고 빠른 터닝 기술이 필요하죠. 지금부터 기본적인 터닝 동작부터 레전드라 불리는 요한 크루이프의 기술까지 배워보려고 해요. 스페인의 슈퍼스타 다비드 실바도 수없이 보여주었던 기술이에요.

선수 프로필

이름: 다비드 실바
국적: 스페인
출생: 1986년 1월 8일
클럽: 맨체스터 시티(잉글랜드)
포지션: 미드필더
주발: 왼쪽

- 속도
- 패스
- 드리블
- 수비
- 슛
- 체력

> 왼발 아웃사이드로 방향을 바꾸고 있는 다비드 실바. 상대의 움직임에서 결코 눈을 떼지 않아요.

영리한 플레이메이커

다비드 실바는 부드러운 볼터치와 정교한 컨트롤 기술로 유명해요. 좁은 지역에서도 영리한 터닝으로 공간을 만들어내는 능력이 대단하답니다. 적재적소에 보내는 패스 능력을 바탕으로 중원이나 측면 지역 어디서나 득점 기회를 만들어요.

주로 측면에서 뛰는 다비드 실바는 정교한 터닝 기술로 날카로운 크로스를 올려줍니다.

발 안쪽으로 감기

1 슛이나 패스를 할 것처럼 몸동작을 하면서, 공의 바깥쪽으로 발을 뻗은 후, 발 안쪽을 이용해 갈고리로 긁는 것처럼 당겨줍니다.

2 볼의 방향을 바꾼 즉시 시선도 진행하고자 하는 방향으로 고정해야 해요. 그리고 속도를 내서 치고 나가세요.

볼과 상대 수비수 사이에서, 몸의 균형을 유지해야 해요.

발 안쪽으로 볼을 긁는다는 느낌으로 방향을 바꿔줘요.

하체도 진행하려는 방향으로 틀어서 치고 나가세요.

퍼스트 터치가 확실하게 되었다면 즉시 속도를 내서 전진하세요.

크루이프 턴

1 디딤발을 볼보다 앞쪽에 두고, 차는 발로 슛 또는 패스를 하는 척해요.

볼이 움직이는 속도를 감안해, 디딤발을 충분히 앞쪽에 두어야 해요.

2 볼을 차는 척하다가, 발의 안쪽을 이용해 볼을 디딤발 뒤쪽으로 긁어서 방향을 바꿔요.

차는 발로 볼을 긁어서 디딤발의 뒤쪽을 가로지르게 해요.

3 공이 움직이는 방향으로 재빨리 몸을 틀어서 전속력으로 치고 나가요.

이제 볼은 원래 방향과 정반대 쪽으로 움직여요.

최고의 꿀팁
슛이나 패스를 할 것처럼 보이는 게 중요해요. 그래야 상대 수비수를 놀라게 할 수 있어요.

볼 빼앗기와 태클하기

루시 브론즈의 일대일 방어 기술

수비를 하려면, 볼을 가진 상대 선수의 패스를 끊거나 직접 달려들어 볼을 빼앗아야 해요. 그러니 수비수라면 반드시 태클 기술을 갖춰야 한답니다. 물론 어떤 포지션에서 뛰는 선수라도 기본적으로 능숙하게 할 수 있어야 해요.

태클은 위험 부담이 큰 기술이에요. 실패하면 상대 공격수를 완전히 놓치거나 반칙을 범하게 되기 때문이죠. 상대의 실수를 유도하거나 확실히 막아 세우려면 정확한 타이밍이 중요해요. 앞이나 옆 방향에서 정확히 볼을 노려야 합니다. 정확한 태클 기술과 타이밍을 습득하려면 꾸준한 연습이 필요해요.

선수 프로필

이름:	루시 브론즈
국적:	잉글랜드
출생:	1991년 10월 28일
클럽:	올랭피크 리옹(프랑스)
포지션:	수비수
주발:	오른쪽

- 속도
- 패스
- 드리블
- 수비
- 슛
- 체력

통곡의 벽

루시 브론즈는 잉글랜드 여자 국가대표팀의 라이트백으로, 공수 연결의 핵심 역할을 해요. 경기 흐름을 잘 읽어서 정확한 태클로 볼을 빼앗을 뿐 아니라 빠른 드리블로 곧바로 공격에 나서죠. 소속팀 리옹에서는 전천후 능력을 앞세워 언제든 공격에 가담하는 올라운드 플레이어로 활약하고 있어요.

볼 따내기

1 상대와 볼 사이에 몸을 집어넣어요. 몸싸움은 어느 정도 받아들여지지만, 너무 힘이 들어가면 반칙이 될 수 있어요.

땅을 딛는 다리의 힘으로 버텨내야 해요.

2 볼을 빼앗았다면, 상대로부터 멀어지는 방향으로 전속력으로 치고 나가야 볼을 소유할 수 있어요.

상대로부터 멀어지도록 적극적으로 치고 나가야 해요.

루시 브론즈가 볼을 소유한 상대 선수에게 태클을 시도해서 볼을 빼앗고 있어요.

전방 태클

볼을 가진 상대가 정면으로 다가오면, 디딤발을 단단히 세우고 볼을 끝까지 봐야 해요. 그리고 발의 안쪽으로 볼의 가운데 부분을 정확히 때려요.

볼이 상대의 뒤쪽으로 나가게 차야 해요.

디딤발이 되는 다리를 약간 굽힌 상태에서 단단하게 버팁니다.

최고의 꿀팁

태클에서 가장 결정적인 것은 타이밍입니다. 연습하면 할수록 정확한 타이밍을 잡을 수 있어요.

측면 태클

볼을 가진 상대의 옆면으로 접근하는 방법입니다. 태클할 발을 뻗은 후 발의 안쪽으로 볼을 차서 상대의 볼 소유를 빼앗는 거예요.

깔끔하게 볼만 터치할 수 있는 타이밍이 중요해요.

볼을 상대의 옆으로 보내서 소유권을 빼앗는 거예요.

디딤발 쪽의 다리를 구부리고 강하게 볼을 차요.

슬라이딩 태클

1 반칙이 되기 쉬워서 슬라이딩 태클은 최후의 수단이라 생각해야 해요. 볼에서 시선을 끝까지 떼지 않는 것이 중요합니다.

정확한 슬라이딩 타이밍을 잡기 위해서 끝까지 볼을 봐야 해요.

2 디딤발 쪽의 다리를 구부리고, 태클할 다리를 앞으로 쭉 뻗은 자세로 올려요. 이때 가능한 한 상대로부터 볼을 멀리 떼어내야 해요.

태클 동작에 의한 부상을 방지하기 위해서 절대 축구화 밑바닥이 보여서는 안 돼요.

반칙과 핸드볼

프리킥을 허용하는 실수들

축구 규칙을 위반하면 상대 팀에게 프리킥 또는 페널티킥을 주게 됩니다. 반칙이 위험하거나 고의적이라면 옐로카드, 심하면 레드카드를 받고 곧바로 퇴장할 수도 있어요. 반칙을 여러 번 해도 옐로카드를 받게 됩니다.

경고성 반칙

주심은 위험한 반칙을 하는 선수에게 카드를 주어요. 상대가 크게 다칠 정도의 거친 반칙이면 레드카드가 선언되고, 축구화 밑바닥이 보이는 태클은 옐로카드 감이에요. 수비수가 고의적으로 공격수를 저지하기 위해 저지르는 반칙도 옐로카드를 받게 됩니다. 상대를 가격하기 위해 팔을 올리는 행동은 곧바로 레드카드를 받게 될 뿐 아니라 이후 경기에도 출전하지 못하는 무거운 징계를 받아요.

2018년 러시아 월드컵에서 이란의 라민 레자에이안이 모로코의 마누엘 다 코스타를 상대로 거친 반칙을 하는 모습이에요.

시뮬레이션 액션

가끔 상대에게 걸려 넘어지는 척해서 반칙을 얻으려는 선수도 있어요. 주심이 고의적으로 넘어졌다고 판단할 때 옐로카드를 줘요. 넘어질 정도의 접촉이 있었는지를 판단하는 거예요. 아래 사진을 보세요. 브라질의 네이마르가 벨기에의 토마스 무니에르 앞에서 너무 쉽게 넘어지고 있어요.

핸드볼

경기에서 손으로 볼을 다룰 수 있는 선수는 골키퍼뿐이에요. 그것도 페널티 에어리어 안에서만 가능해요. 만약 페널티 에어리어 안에서 볼이 수비수의 손이나 팔에 닿는다면 페널티킥이 주어져요. 고의적으로 손을 사용하거나 득점 기회를 막는다면 레드카드가 선언되고요. 반면 공격수의 핸드볼에는 프리킥이 주어지죠. 옆의 사진을 보세요. 잉글랜드의 질 스콧이 스웨덴 수비수를 상대하면서, 팔로 볼을 컨트롤한 뒤에 골을 넣었어요. 결국 득점은 인정되지 않았고 스웨덴에 프리킥이 주어졌답니다.

슈퍼 테크닉
네이마르의 고난도 스킬

상상을 초월하는 테크닉과 수비수를 완전히 속이는 트릭으로 세상을 깜짝 놀라게 하는 스타플레이어들이 있어요. 네이마르 같은 선수는 어려운 기술을 아주 간단히 해치우는 것으로 유명해요. 하지만 그런 기술을 익히기 위해서는 정말이지 피나는 노력이 필요합니다.

몇 가지 테크닉은 재미있게 배울 수 있지만 실제 경기에서 써먹을 수 있을지 의문이 들 거예요. 하지만 드래그백, 스텝오버 등의 기술은 신속한 방향 전환으로 상대 수비수를 단번에 제치게 해주죠. 이제 실제 경기에서 상대를 완벽하게 속일 수 있는 기술을 소개하려고 해요. 아무리 환상적 기술이라도 너무 자주 쓰면 상대가 알아차린다는 점, 그리고 팀의 득점 기회를 만들어줄 때만 유용하다는 점을 잊지 마세요.

선수 프로필

이름:	네이마르
국적:	브라질
출생:	1992년 2월 5일
클럽:	파리 생제르맹(프랑스)
포지션:	공격수
주발:	오른쪽

속도
패스
드리블
수비
슛
체력

트릭 마스터

현존하는 세계 최고의 축구 재능을 지닌 슈퍼스타가 바로 네이마르예요. 양쪽 발을 자유자재로 이용하는 창의적 플레이로 일대일 상황에서 상대를 꼼짝 못하게 만들죠. 어릴 적 길거리에서 이런 테크닉을 익혔다고 하는데, 그중 대표적인 것이 '라보나'예요. 차는 발을 디딤발 뒤에서 교차시켜서 차는 기술이랍니다. (55페이지 참고)

천부적 재능의 소유자, 네이마르가 왼발을 이용해서 상대를 완벽하게 속이는 모습입니다.

볼 컨트롤 연습

자기만의 방법으로 축구 기술을 익힐 수 있어요. 리프팅은 볼 컨트롤 능력을 향상시킬 수 있는 최고의 연습이에요. 볼의 높이를 다양하게 해서 연습하세요. 이 연습을 많이 하면 상대의 공을 가로채야 할 때, 또는 오른쪽 사진의 네이마르처럼 높게 오는 공을 컨트롤해야 할 때 도움이 될 거예요.

스텝오버

 발로 볼을 건드리는 대신, 볼의 앞쪽으로 건너뛴다는 느낌으로 드리블을 해요.

오른발로 볼 위를 건너뛰었어요.

 건너뛴 발을 볼의 옆(오른쪽)에 놓고, 다른 발로 재빨리 방향을 꺾어 볼을 툭하고 민 다음 드리블을 이어가요.

오른발과 왼발을 연속해서 스텝오버를 시도할 수도 있어요.

보디 페인팅

1 드리블하면서 어느 한쪽 방향으로(여기서는 왼쪽) 움직일 것처럼 자세를 취해요. 상대로 하여금 내가 그쪽으로 드리블할 것이라 믿게 할 정도로 자연스러워야 해요.

상대를 속이려는 방향(여기서는 왼쪽)으로 조금 과장된 동작을 취하는 것이 좋아요.

수비수는 자신의 오른쪽을 방어하려고 무게중심을 이동시키게 됩니다.

2 왼발로 재빨리 땅을 박차면서 반대쪽으로 볼을 치고 나가요. 상대의 무게중심이 쏠리는 반대쪽을 노려서 수비를 제치는 원리랍니다.

반대 방향으로 몸을 틀어서 수비수를 멀리 떨어뜨리세요.

페인팅을 건 반대 방향으로 빠르게 볼을 치고 나가요.

최고의 꿀팁
페인팅 연습은 오른쪽, 왼쪽 모두 하는 게 좋아요. 그래야 수비수를 혼란에 빠뜨릴 수 있어요.

드래그백

1 디딤발을 볼의 옆면 약간 뒤쪽에 둡니다. 차는 발의 밑바닥으로 볼의 윗부분을 긁어서 뒤로 빼는거예요. 발로 볼을 밟고 컨트롤한다는 느낌이에요. 여기서는 차는 발이 왼발이에요.

축구화의 스터드 부분으로 볼을 긁어서 뒤로 빼주세요.

디딤발에 힘을 주고 디딤발 쪽의 다리를 살짝 구부리세요.

최고의 꿀팁
기술을 구사하기 전에 상대를 제치고 나아갈 방향을 미리 마음속에 정해놓는 것이 좋아요.

2 볼을 뒤로 뺀 다음, 차는 발을 이용해 재빨리 원하는 방향 (여기서는 왼쪽)으로 치고 나가요.

볼의 진행 방향에 따라 몸도 함께 움직여서 수비수의 접근을 막아주세요.

공을 뒤로 보냈다가 다시 왼쪽으로 보냅니다.

플릭(사포)

1 이 기술을 익히려면 많은 연습이 필요해요. 한쪽 발을 볼의 앞에 두고, 다른 발을 이용해 양발 사이에 볼을 고정시켜야 해요

앞발의 뒤꿈치 부분에 볼을 고정하고, 뒤쪽 발로 볼을 퍼 올리는 느낌이에요.

최고의 꿀팁
완벽한 플릭 기술이 들어가려면 볼을 머리 위로 띄웠다가 자기 앞쪽에 떨어지게 해야 됩니다.

2 뒤쪽 발(여기서는 오른쪽)을 이용해, 볼이 앞쪽 발의 뒤꿈치를 따라 올라가도록 해요.

앞쪽 발의 뒤꿈치를 따라 볼을 긁어 올려요.

3 뒤쪽에 있던 발을 앞으로 옮겨 단단하게 땅을 딛고, 앞쪽에 있던 발의 뒤꿈치로 볼을 들어 올려요.

발을 들어 올려서 볼을 공중으로 띄워요.

연습은 실전처럼, 실전은 연습처럼

잉글랜드 국가대표팀의 훈련법

잘 구성된 정기적인 훈련만큼 효과적인 연습은 없어요. 팀 훈련은 선수 상호간의 이해를 높여주는 효과도 있어요. 잉글랜드와 같은 축구 강호는 훈련 장면을 외부에 노출하지 않을 때가 있는데, 바로 실전에서 구사할 특별한 세트피스를 훈련할 때라고 해요. 전력이 노출될 수 있기 때문입니다.

어떤 팀이든 훈련 현장은 감독과 코칭스태프가 지휘해요. 선수가 기술을 향상시키도록 돕고 재미있는 훈련 메뉴로 실전에 대비하도록 하는 거예요. 꾸준한 팀 훈련으로 체력까지 좋아질 수 있어요.

가레스 사우스게이트 감독의 지휘 아래, 잉글랜드 대표팀 선수들이 볼 컨트롤 감각을 익히는 훈련을 하고 있어요.

미니게임

팀 훈련에서 빠지지 않는 메뉴가 바로 미니게임이에요. 팀을 둘로 나눠서 공격과 수비 전술을 가다듬는 과정이죠. 두 개 팀은 색깔이 확실히 구분되는 조끼를 입어요. 볼 소유를 집중적으로 연습할 때는 5대5 미니게임이 자주 활용돼요. 미니게임은 좁은 공간에서의 민첩한 움직임과 빠른 판단력에 도움이 되며 팀워크도 향상시켜줍니다.

잉글랜드 대표팀 선수들이 볼 소유를 지키는 훈련을 하고 있어요.

팀 토크

훈련 중 휴식시간을 이용해 실전에서 사용할 수 있는 전술에 대한 얘기를 나눠요. 좋은 훈련은 재미있어야 할 뿐 아니라 목적이 뚜렷해야 합니다. 아울러 각 선수에 맞는 주문을 전달하는 것이 좋아요.

최고의 꿀팁

훈련을 하다 보면 목이 자주 마를 거예요. 정기적으로 수분을 섭취해주세요.

패스 연습

선수들이 두 줄로 서서 서로 마주보도록 해요. 줄다리기할 때처럼요. 첫 선수가 드리블을 시작해서 한 번, 두 번, 세 번 터치한 다음 맞은편 줄의 앞쪽 선수에게 전진 패스를 해요. 속도감 있게 진행하면 드리블과 패스의 정확성을 향상시킬 수 있어요.

2번에게 패스한 후, 빠르게 반대편 줄 뒤로 달려가 다음 차례를 기다려요.

지도자는 연습을 지켜보다가 볼 컨트롤을 잘못해서 공이 빗나가면 새 볼을 제공해서 연습의 속도감을 유지해요.

2대2 연습

1 2대2로 팀을 나눠서 하는 패스 연습. 볼을 빼앗고 볼 소유를 지키는 것이 목표예요. 정확하고 빠른 패스가 필수적이죠.

2 패스를 보낸 다음에는 재빨리 동료의 패스를 받을 수 있는 위치로 움직여야 해요.

볼을 받을 2번 선수는 3번에게 패스하기 전에 정해진 수의 터치를 해야 합니다.

공간 찾기
샘 커의 공간을 만드는 기술

패스와 움직임은 상대 수비를 풀기 위한 열쇠예요. 볼을 갖고 있지 않은 상황에서 여러분은 수비수를 따돌리고 패스를 받을 수 있는 공간을 찾아야 해요. 샘 커와 같은 최고의 선수들은 경기 중 잠시도 쉬지 않고 움직여요. 볼을 받는 즉시 공격할 수 있도록 항상 공간을 찾아 들어가죠.

패스가 좋은 팀은 필드에서 볼을 돌리면서 상대 수비를 관찰해요. 볼을 가졌든 안 가졌든 상관없이 상대 뒤쪽에 있는 공간을 찾아야 해요. 상대보다 먼저 그 공간을 찾아내 들어가면 득점 기회를 만들 수 있어요. 공간이 열리면 빠르게 움직여서 수비수가 다가오기 전에 다음 플레이로 연결해야 합니다.

선수 프로필

- **이름:** 샘 커
- **국적:** 호주
- **출생:** 1993년 9월 10일
- **클럽:** 첼시 FC 여자팀(잉글랜드)
- **포지션:** 공격수
- **주발:** 오른쪽

속도
패스
드리블
수비
슛
체력

기록적 골잡이

호주의 공격수 샘 커는 공간을 찾아 쉼 없이 움직이는 플레이로 유명해요. 슈팅이 가능한 공간을 찾기만 하면 날카로운 결정력으로 골을 뽑아내죠. 호주 W리그와 미국의 NWSL에서 득점왕을 차지한 대단한 골잡이예요.

공간 패스

1 패스를 받아야 하는 상황에서는 수비수가 여러분을 보지 못하는 위치를 잡아야 해요. 수비수 뒤쪽 공간으로 언제 들어갈지를 판단하는 것이 중요합니다.

패스가 들어갈 공간

동료에게 패스를 받고 싶은 공간을 손으로 알려주요.

2 패스할 때는 정확도와 세기가 중요해요. 수비수에게 걸리지 않도록 확실하게 패스를 보내야 하지만, 너무 세게 차면 동료도 받을 수 없어요.

동료에게가 아니라 공간을 향해서 패스를 보내야 합니다.

공간을 찾아 들어가는 샘 커의 모습입니다. 재빠른 움직임으로 자신과 동료에게 공간을 만들어주요.

최고의 꿀팁

천천히 움직이면 안 돼요. 순간적으로 빨리 움직여야 공간을 찾을 수 있어요.

수비수 따돌리기

1 왼쪽 어깨를 왼쪽 방향으로 틀어서, 마치 그쪽으로 움직일 것처럼 상대에게 보여야 해요.

평소 보다 몸동작을 크게 해야 효과적이에요.

2 왼발로 땅을 강하게 박차면서 재빨리 오른쪽으로 돌아서요. 그리고 곧바로 공간을 찾아 오른쪽으로 파고들어요.

상대 선수가 왼쪽으로 갈 줄 알았던 수비수는 무게중심이 무너져요.

온사이드 상태 유지하기

공격수는 항상 온사이드 상태여야 해요. 오프사이드가 되어서는 안 된다는 뜻이에요(11페이지 참고). 동료가 볼을 차는 순간에 맞춰서 수비수 두 명 사이로 파고들어야 합니다.

패스할 사람은 수비수 뒤쪽 공간을 향해 볼을 보내요.

최종 수비 라인과 평행선상에서 뛰다가, 동료가 패스를 보내는 순간 앞으로 돌진해요.

동료에게 공간 만들어주기

1 자신을 막는 수비수를 원래 위치에서 벗어나게 해서 동료에게 공간을 만들어주는 방법이에요. 1번 선수는 수비수가 자신을 밀착 마크하도록 움직여야 해요.

자신을 막는 수비수를 유인하기 위해 왼쪽으로 움직여요.

수비수의 오른쪽, 왼쪽으로 움직여서 어느 쪽으로 갈지 예측 못 하게 해요.

최고의 꿀팁
공간은 계속 열렸다가 사라지기를 반복해요. 그러니 패스를 받기 위해서는 쉼 없이 움직여야 합니다.

2 수비수가 1번 공격수를 따라가면서 위치를 벗어나자 원래 있던 곳에 공간이 생겼어요. 2번 선수가 빠른 움직임으로 수비수를 따돌리고 패스를 받아요.

재빨리 몸을 틀어 달려가서, 동료 선수가 만들어준 공간에서 패스를 받아야 해요.

수비수 등지기
올리비에 지루의 실딩 기술

수비수를 등지고 볼을 지키려면 자기 몸을 상대와 볼 사이에 집어넣은 상태에서 힘과 기술을 동원해야 하죠. 영어로는 '실딩(shielding)', 우리말로는 '볼 간수하기' 혹은 '수비수 등진 플레이'라고 부르는 기술이에요. 올리비에 지루처럼 강한 공격수는 동료들이 공격에 가담할 때까지 상대 진영에서 볼을 지켜낸답니다.

골킥을 만들어내기 위해서 수비수들도 몸을 이용해 볼을 지켜야 할 때가 많아요. 공격수들은 옆으로 전진해 오는 동료에게 볼을 내주거나 직접 돌아서 슈팅을 하려면, 우선 볼을 지켜야 하죠. 수비수가 가까이 붙었을 때만 가능한 기술이며 다른 상황에서는 반칙이 선언될 수 있어요. 몸으로 벽을 세운다는 느낌으로 확실하게 지켜야 볼을 컨트롤할 수 있어요.

선수 프로필

이름:	올리비에 지루
국적:	프랑스
출생:	1986년 9월 30일
클럽:	첼시(잉글랜드)
포지션:	공격수
주발:	왼쪽

- 속도
- 패스
- 드리블
- 수비
- 슛
- 체력

> 올리비에 지루가 수비수와 등진 상태에서 몸싸움을 벌이며 볼을 지켜내는 모습이에요.

볼 간수하기

발로 볼을 다루면서 몸을 낮게 고정해서 수비수가 볼에 다가오지 못하게 해요. 양팔을 이용해서 방어벽을 넓히는 것이 요령입니다.

상체를 상대 쪽으로 기댄 상태로 버텨요.

팔을 이용해서 수비수의 접근을 막아요.

발 앞에서 볼을 확실하게 다뤄요.

프런트맨

프랑스의 간판 공격수, 올리비에 지루는 키가 193cm나 돼요. 큰 키와 강한 힘을 이용해서 수비수를 등진 상태로 볼을 잘 지켜내죠. 볼을 지키는 동안 동료들은 공격에 가담할 시간을 벌 수 있어요. 지루는 강한 헤더와 날카로운 왼발 슈팅 능력도 갖춰서 프런트맨(간판 선수)이라 불려요.

최고의 꿀팁

수비수의 압박을 받더라도 패스할 동료의 위치를 파악해야 합니다.

스로인과 코너킥
메건 라피노의 세트피스 기술

볼이 아웃오브플레이가 되면 공격팀은 스로인, 코너킥, 골킥 중 하나를 얻게 됩니다. 공격의 좋은 출발점이 되므로 스로인과 코너킥을 철저히 연습해둬야 해요.

공격팀은 코너킥를 이용해 상대 페널티 에어리어 안으로 강하고 빠른 패스를 투입할 수 있어요. 반면 스로인은 힘이 약해서 볼을 소유할 목적으로 이용될 때가 많아요. 그런데 엄청나게 긴 스로인 능력으로 위험 지역에 볼을 투입하는 선수들도 있어요. 지금부터는 다양한 세트피스 기술을 배워볼 거예요.

선수 프로필

- 이름: 메건 라피노
- 국적: 미국
- 출생: 1985년 7월 5일
- 클럽: 레인 FC(미국)
- 포지션: 미드필더
- 주발: 오른쪽

- 속도
- 패스
- 드리블
- 수비
- 슛
- 체력

라피노가 어디로 스로인할지 찾고 있는 모습이에요. 잘못된 판단은 곧바로 볼 소유를 빼앗기는 빌미가 되죠.

스로인 넣기

1 양손으로 볼을 잡아 머리 뒤로 젖혀요. 두 발이 모두 땅에 닿아야 해요.

던지기 전에 볼은 반드시 머리 뒤로 완전히 넘어가야 해요.

발이 터치라인을 넘지 않도록 주의하세요.

2 양손으로 쥔 볼이 머리 위를 완전히 지나가도록 던져요. 볼을 놓는 순간 팔목 스냅을 줄 수 있어요.

스로인 동작이 완료될 때까지 두 발이 모두 땅에 닿아 있어야 해요.

최고의 꿀팁

짧고 긴 스로인을 모두 연습해보세요. 최대한 정확히 던지는 연습도 필요합니다.

상황 판단의 달인

메건 라피노는 공간에 있는 동료를 찾아 연결하는 패스가 깔끔하기로 유명해요. 스로인도 마찬가지입니다. 스로인을 넣기 전, 안전하고 확실하게 던질 것인지 혹은 과감한 롱 스로인을 시도할 것인지 순간적으로 판단해요.

메건 라피노가 페널티 에어리어를 향해 날카로운 코너킥을 시도하는 모습이에요.

코너킥 슛

2012년 런던올림픽 준결승전에서 일어난 일이에요. 캐나다를 상대로 미국 국가대표 메건 라피노의 코너킥이 바로 골로 연결되었어요. 창의력이 돋보이는 라피노는 정확한 크로스는 물론 높은 골 결정력으로도 유명해요.

코너킥 차기

코너킥을 차는 방법은 다양해요. 가까이 있는 동료에게 짧게 주거나 뒤에서 뛰어 들어오는 동료에게 패스를 보낼 수 있어요. 가장 일반적인 방법은 페널티 에어리어 안에 있는 동료가 헤더 골을 넣을 수 있도록 골대 앞으로 높은 크로스를 보내는 것입니다.

볼은 ¼원의 안쪽에 위치해야 해요 (9페이지 참고).

코너킥 수비법: 대인 방어

수비수(흰색)가 공격수(파란색)를 한 명씩 맡는 방법이에요.
수비수는 자신이 마크하는 공격수보다 골대에 가까운 위치에 있어야 해요.
공격수는 일단 수비수의 대인 방어에서 벗어나야 합니다.

공격수는 득점 기회를 만들 수 있는 공간을 만들어야 해요.

수비수의 시선은 자신이 막아야 할 공격수를 향해야 합니다.

코너킥 수비법: 지역 방어

코너킥이 투입될 수 있는 위험 지역을 선점하는 방법이에요. 본인이 맡은 지역으로 투입되는 볼을 책임지고 걷어내야 해요.

이때 수비수의 시선은 공격수가 아니라 볼에 머물러야 해요.

최고의 꿀팁

코너킥을 성공적으로 활용하려면, 공격수는 최적의 타이밍으로 움직여서 수비수를 따돌리고 공간을 찾아 들어가야 해요.

프리킥과 페널티킥

에당 아자르의 프리킥 기술

위험 지역에서 프리킥을 얻는다면, 벨기에 국가대표 에당 아자르처럼 팀에서 가장 기술이 좋은 선수가 직접 득점을 노릴 수 있어요. 직접 프리킥으로 골을 넣으려면 무수한 반복 훈련으로 기술을 익혀야 해요. 힘과 정확성이 조화된 직접 프리킥은 상대 수비수들과 골키퍼를 단숨에 무너뜨려요.

프리킥에는 직접 프리킥과 간접 프리킥이 있어요. 간접 프리킥은 슈팅하기 전에 반드시 동료를 한 번 이상 거쳐야 해요. 직접 프리킥은 말 그대로 직접 골문을 노릴 수 있어요. 페널티박스 근처에서 획득한 프리킥은 좋은 득점 기회가 됩니다. 페널티박스 안에서 반칙을 얻으면 페널티킥을 찰 수 있어요. 골키퍼의 방어만 피하면 되므로 페널티킥은 득점 가능성이 매우 높아요. 하지만 차분한 마음가짐과 확실한 임팩트가 필수적이에요.

선수 프로필

이름:	에당 아자르
국적:	벨기에
출생:	1991년 1월 7일
클럽:	레알 마드리드(스페인)
포지션:	미드필더
주발:	오른쪽

속도
패스
드리블
수비
슛
체력

냉정한 해결사

벨기에의 스타, 에당 아자르는 스피드와 기술로 수비를 허문 뒤에 날카로운 크로스를 배달해요. 볼 컨트롤과 밸런스가 좋아서 드리블 능력도 뛰어나죠. 동료에게 득점 기회를 제공하거나 직접 골을 넣을 때도 많아요. 아자르는 힘과 정확성이 겸비된 프리킥 전문가이면서, 확실한 페널티킥 능력도 가졌어요.

> 에당 아자르가 뛰어난 테크닉을 이용해서 프리킥을 처리하고 있는 모습이에요

직접 프리킥

페널티 에어리어 근처에서 프리킥을 차는 방법은 다양해요. 수비벽을 살짝 넘기도록 볼을 띄워 차거나(1), 수비벽을 돌아가도록 감아 차는 거예요(2). 둘 중 한 지점을 미리 정하고 골키퍼의 방어를 피해보세요.

한쪽 방어는 수비벽에 맡기고, 골키퍼는 비어 있는 쪽을 막아요.

공격수는 수비수들이 만든 벽에서 최소한 1m 이상 떨어져야 해요.

간접 프리킥

동료가 골을 넣을 수 있도록 볼을 살짝 건드려주는 거예요. 직접 프리킥에서도 슈팅 각도를 확보하거나 수비벽을 피하기 위해 이런 방법을 쓸 수 있어요.

멈춰 있는 공보다 구르는 볼이 슈팅하기 어려우므로 최대한 살짝 건드려줘야 해요.

시선은 골키퍼에게로

에당 아자르는 각종 대회에서 페널티킥으로만 50골 가까이 넣었어요. 아자르의 비결은 간단해요. 골키퍼가 몸을 날리는 방향을 끝까지 확인한 뒤에 차는 거예요. 이렇게 하려면 볼을 차는 순간까지 볼이 아니라 골키퍼를 봐야 해요. 볼을 보지 않고도 확실하게 찰 수 있으려면 많은 연습이 필요하답니다.

프랑스를 상대로 한 경기에서 벨기에의 에당 아자르가 페널티킥을 넣고 있어요.

기술 연습

- 페널티킥에 능숙해지기 위해 훈련에서 다양한 페널티킥 시도해보기.
- 다양한 지점, 다양한 조건에서 페널티킥을 차는 연습하기.
- 킥에 자신감이 붙으면 페널티킥을 차는 순간 골키퍼가 움직이는 방향 예상하기. 그리곤 반대 방향으로 정확히 킥 연습하기.
- 집중력과 자신감을 갖기 위해, 볼을 페널티킥 지점에 놓으면서 어느 쪽으로 찰지 미리 결정하기.

페널티킥 준비하기

페널티 마크에 신중하게 볼을 놓으세요. 바닥을 고르는 것도 중요해요. 볼을 놓은 곳 주변에 잔디가 패여 있으면 디딤발이 미끄러질 수도 있기 때문이에요.

페널티킥 위치 잡기

발의 안쪽(인사이드)을 이용해서 좌우 골대에 가까운 지점을 노리세요. 양쪽에 있는 골대 구석(톱코너)이 골키퍼가 막기 가장 어려운 지점이에요. 도움닫기를 하는 동안 골키퍼가 슛 방향을 눈치 채지 못하도록 하는 것도 중요합니다.

페널티킥 차기

강하게 차려면 인스텝(발등 부위)으로 볼을 때리세요. 골대 구석을 향해서 너무 강하게 때리는 것은 좋지 않아요. 힘이 많이 들어가면 빗나갈 수 있기 때문입니다. 여유 있게 약간 안쪽을 향해 때리는 것이 좋아요.

🏆 최고의 꿀팁

페널티킥을 차기 직전에 마음먹었던 방향이나 세기를 바꾸지 마세요.

공격 플레이

모하메드 살라의 공격 플레이

필드의 어떤 곳에서도 공격을 시작할 수 있어요. 당장 골을 넣을 수 있는 동료에게 정확히 패스를 보내면 되니까요. 모하메드 살라와 같은 골잡이는 볼을 가졌든 가지지 않았든, 슛을 때릴 수 있는 기회를 찾아 쉼 없이 움직입니다.

> 모하메드 살라가 공격을 시도하고 있어요. 기술과 스피드로 상대 수비수를 제칠 수 있는 기술을 갖고 있는 선수예요.

득점 기회란 뛰어난 개인기에 의해서 만들어지기도 하지만 팀이 함께 만들어갈 경우가 많아요. 기습적인 롱 패스나 빠른 원터치 패스 연결처럼, 동료들과 호흡을 맞춘 플레이로 수비진을 허물어서 득점의 기회를 만드는 거예요. 이제 상대의 잘 짜인 수비 조직을 허무는 공격 플레이를 배워볼 차례예요.

선수 프로필

- **이름:** 모하메드 살라
- **국적:** 이집트
- **출생:** 1992년 6월 15일
- **클럽:** 리버풀(잉글랜드)
- **포지션:** 공격수
- **주발:** 왼쪽

속도
패스
드리블
수비
슛
체력

치명적 골잡이

이집트의 골잡이, 모하메드 살라는 문전에서 뛰어난 스피드와 결정력으로 수비를 무너뜨려요. 확실한 마무리 능력으로 이집트 국가대표팀은 물론 소속팀 리버풀에서도 2017-18 시즌 프리미어리그에서만 32골을 기록했어요.

짧은 시간, 좁은 공간도 문제없어요. 살라가 영리한 칩슛으로 튀니지 골키퍼의 방어를 무력화시켜요.

공간과 움직임

상대 골대에 접근할수록 공간을 찾기가 어려워져요. 달려드는 수비수와 맞서는 공격수는 계속 움직여야 해요. 상대 진영에서 볼을 잡은 상황에서는 패스나 슛을 시도하기 전까지 볼을 한두 번밖에 컨트롤할 수 없는 경우가 많아요.

공간으로 쇄도하기

공격수는 항상 패스를 받을 수 있는 상태를 유지해야 해요. 수비수 뒤쪽에 생긴 공간을 발견했다면 동료들에게 패스를 달라는 수신호를 하세요. 오프사이드에 걸리지 않으려면 쇄도하는 타이밍을 잘 잡아야 해요(11페이지 참고).

볼을 가진 동료를 향해 팔을 높이 들어, 패스를 받을 준비가 되었음을 알려야 해요.

원투 패스 연결

1 능숙한 원투 패스는 상대 수비를 공략하는 최고의 방법이에요. 1번 공격수가 2번 동료에게 패스를 보낸 직후에, 패스를 되받을 지점으로 곧바로 움직여요.

동료에게 패스한 직후 수비수의 뒷공간으로 파고들어요.

동료는 패스를 받자마자 다시 패스할 준비를 해요.

최고의 꿀팁

완벽한 타이밍을 잡기 위해, 상대 수비수가 없는 상태에서 원투 패스를 연습하세요.

2 수비수가 볼을 쫓아 움직이는 동안, 1번 공격수는 패스를 받으려고 하는 공간으로 달려가요.

볼을 받자마자 동료에게 리턴 패스를 할 수 있도록 준비해요.

패스를 보내자마자, 수비수 뒷공간으로 재빨리 달려가요.

3 2번 선수는 리턴 패스가 수비수에게 걸리지 않도록 빠르고 정확하게 보내야 해요. 1번 선수는 수비수의 무게중심이 쏠리는 반대편 공간으로 들어가서 리턴 패스를 받아요.

수비수를 따돌리고 리턴 패스가 들어오는 지점을 향해 전력 질주해서 들어가요.

문전 쇄도

팀이 공격할 때, 포워드는 볼의 움직임을 미리 예측하고 대비해야 해요. 적절한 위치와 타이밍을 잡으면 상대의 실수를 놓치지 않고 골문을 노릴 수 있어요.

골키퍼가 막아낸 볼이 문전을 확실하게 벗어나지 못하는 경우는 자주 있어요.

골키퍼의 실수를 예측하고 문전으로 들어가면, 골을 넣을 기회가 쉽게 만들어져요.

축구 역사를 빛낸 스타:

공격수

축구에서 가장 어렵고도 중요한 일이 득점이기에,
축구 역사에서 가장 빛난 선수들의 포지션이 스트라이커라는
사실이 이상하지 않아요. 득점을 예술의 경지로 끌어올린
위대한 골잡이들을 소개해보겠습니다.

페렌치 푸스카스

국적: 헝가리
선수 경력: 1943년~1966년
주요 팀: 부다페스트 혼베드(헝가리),
레알 마드리드(스페인)

소속팀과 국가대표팀에서 활약하는 동안 페렌치 푸스카스는 거의 1경기당 1골에 가까운 놀라운 득점력을 선보였어요. 1954년 월드컵 결승전에서도 헝가리의 공격을 선두에서 책임졌죠. 1960년 유러피언컵 결승전에서는 레알 마드리드 소속으로 혼자 4골을 터뜨리는 기록을 세웠어요.

1986년 멕시코 월드컵,
디에고 마라도나가
완벽한 밸런스를 유지하며
공격 드리블을
전개하고 있어요.

펠레

국적: 브라질
선수 경력: 1956년~1977년
주요 팀: 산투스(브라질)

축구 역사상 가장 유명한 스타인 펠레는 17세의 나이로 1958년 월드컵에 출전해서, 스웨덴을 상대로 결승전에서 2골을 터뜨렸어요. 1970년엔 역사상 최고의 팀으로 손꼽히는 당시 브라질 팀을 우승으로 이끌었죠. 산투스에서만 19시즌을 뛰며 리그 650골을 기록했어요.

요한 크루이프

국적: 네덜란드
선수 경력: 1964년~1984년
주요 팀: 아약스(네덜란드), 바르셀로나(스페인)

역사상 최고의 재능을 타고난 요한 크루이프는 토털사커의 선구자예요. 1974년 월드컵에서 네덜란드 대표팀을 결승전으로 이끌었고, 아약스에서 유러피언컵 우승을 3번이나 해냈어요. 크루이프가 창설한 라마시아(바르셀로나의 유스 아카데미)는 수많은 월드클래스 인재를 배출했어요.

디에고 마라도나

국적: 아르헨티나
선수 경력: 1976년~1997년
주요 팀: 보카 주니어스(아르헨티나), 나폴리(이탈리아)

드리블의 달인, 디에고 마라도나는 혼자 상대 진영을 휘저으며 페널티박스 안까지 들어가 왼발로 슈팅까지 마무리하곤 했어요. 1986년 아르헨티나 대표팀의 주장을 맡아, 역사적 장면을 다수 연출하며 우승컵을 차지했어요.

마르타

국적: 브라질
선수 경력: 2000년~현재
주요 팀: 우메아IK(스웨덴), 올랜도 프라이드(미국)

완벽한 퍼스트 터치 능력을 가진 마르타는 브라질 대표팀에서 포지션에 구애받지 않는 플레이를 선보였어요. 스웨덴 리그에서 이름을 알리기 시작했고, 2006년부터 2010년까지 5년 연속 FIFA '올해의 선수'에 선정되기도 했어요.

미아 햄

국적: 미국
선수 경력: 1987년~2004년
주요 팀: 워싱턴 프리덤(미국)

17세의 나이로 미국 대표팀에서 첫 골을 기록했어요. 15년에 달하는 현역 기간 동안 미아 햄은 A매치 158골 위업을 달성했죠. 불타는 투지로 최전방과 미드필드를 두루 누볐으며, 득점만큼 도움도 많이 기록한 선수예요.

미드필드 플레이

폴 포그바의 미드필드 플레이

미드필더는 팀에서 가장 많이 뛰어야 하는 포지션이에요. 공격과 수비를 잇는 역할을 해야 하기 때문입니다. 미드필더로 뛰려면 강한 체력과 태클 능력이 필수적이에요. 뛰어난 미드필더는 공격 기회를 감지하는 능력과 정확한 패스 능력도 갖춰야 합니다.

수비형 미드필더는 후방에서 상대의 공격 기회를 막아 볼을 탈취해요. 2선에서 뛰는 미드필더는 팀에서 가장 창의적인 선수가 맡아요. 공격형 미드필더는 전방으로 나아가서 직접 슛을 하거나 동료에게 슈팅 기회를 만들어줘요. 지금부터 미드필드 플레이 기술을 배워볼 거예요.

선수 프로필

- 이름: 폴 포그바
- 국적: 프랑스
- 출생: 1993년 3월 15일
- 클럽: 맨체스터 유나이티드(잉글랜드)
- 포지션: 미드필더
- 주발: 오른쪽

속도
패스
드리블
수비
슛
체력

> 폴 포그바가 아이슬란드 선수의 볼을 빼앗아 정확한 패스를 보낼 기회를 찾고 있어요.

플레이메이커

프랑스의 국가대표 미드필더, 폴 포그바는 볼 컨트롤과 패스 능력으로 상대 수비진의 허점을 정확히 찾아내는 능력자예요. 정확한 롱 패스로 수비에서 공격으로 부드럽게 전환시킬 수 있죠. 강력한 오른발 슛으로 통쾌한 중거리 득점도 만들어내고 프리킥도 일품이에요. 2018년 월드컵에서는 팀의 공격 기점 역할을 해내며 프랑스팀을 우승으로 이끌었어요.

드리블 전진하기

미드필더는 볼을 몰면서 전방에 있는 공격수들의 상황을 주시해야 해요. 볼을 너무 오래 갖고 있으면 안 된다는 뜻이에요. 수비수가 접근해오면 재빨리 동료에게 패스를 보내야 해요.

드리블할 때는 항상 전방을 주시해야 해요.

공간으로 쇄도하기

뛰어 들어갈 공간을 발견하면, 볼을 가진 동료에게 확실한 신호를 보내야 해요.

동료들에게 큰 목소리로 본인의 위치를 알려줘야 해요.

손짓으로 뛰어 들어갈 공간을 가리켜요.

기술 연습

◉ 미드필더의 순발력 강화 훈련. 연습용 콘을 일렬로 놓고, 그 사이를 지그재그 방향으로 뒤로 뛰기.

◉ 두 팀으로 나눠서 볼의 소유 및 탈취 능력을 기르는 훈련. 한 팀은 볼을 지키는 연습, 다른 팀은 상대의 볼을 빼앗는 연습하기.

◉ 연습용 콘 사이를 달리는 상태에서 상대의 볼 빼앗는 연습하기.

패스 방향 알려주기

롱 패스를 보낼 때는 동료에게 패스의 방향을 손짓으로 알려줘요. 패스를 받을 동료가 볼을 소유하기 위해서는 준비가 필요하기 때문이에요.

패스를 보낼 공간을 찾아 시선은 전방을 향해야 해요.

볼을 빼앗기지 않도록 항상 몸 가까이에 두어야 해요.

어느 쪽으로 패스를 보낼지 손으로 가리켜요.

볼 빼앗기

 볼을 가진 상대의 측면 또는 정면에서 태클을 해요. 상대의 발이 볼에 닿기 전에 자신의 발을 깊숙이 넣어서 볼을 먼저 건드리는 거예요.

 자신이 달리는 방향으로 볼을 차서 상대로부터 멀어지게 하세요. 상대는 반칙을 피하기 위해서 드리블을 멈출 거예요.

태클할 때는 발에 힘을 주어야 해요.

상대와 충돌하지 않으려면 정확한 태클 타이밍을 잡아야 해요.

정확히 볼만 건드려서 볼 소유권을 빼앗는 거예요.

 건드린 볼을 빨리 쫓아가야 해요. 볼을 너무 강하게 차면 소유권을 확보하지 못하거나 상대팀의 다른 선수에게 빼앗길 수도 있어요.

공격으로 전환할 수 있도록 시선을 전방에 고정해요.

볼을 확실히 소유하기 위해서 상체를 앞으로 기울이며 달려요.

최고의 꿀팁
지구력과 전반적인 체력을 기르기 위해서는 빠른 템포로 반복 연습해야 해요.

축구 역사를 빛낸 스타:
미드필더

중원 아래쪽을 지킬 때나 공격을 전개할 때나, 정상급 미드필더는 항상 볼을 소유한 상태를 유지해요. 전반적인 경기의 흐름을 읽으면서 정확한 패스로 다음 플레이의 기점이 되어주는 거예요. 축구 역사상 가장 빛나는 미드필더들을 소개해볼게요.

지쿠

국적: 브라질
선수 경력: 1971년~1994년
주요 팀: 플라멩구(브라질), 우디네세(이탈리아)

양발을 자유자재로 사용할 수 있었던 지쿠는 빠른 방향 전환 직후에 원하는 방향으로 즉시 패스를 보낼 수 있었어요. 골대 좌우를 가리지 않고 구석을 노리는 프리킥 능력도 일품이었죠. 1982년 월드컵 당시 브라질 대표팀의 핵심 멤버로 활약했어요.

미셸 플라티니

국적: 프랑스
선수 경력: 1972년~1987년
주요 팀: 낭시(프랑스), 유벤투스(이탈리아)

뛰어난 기술과 넓은 시야를 가진 미셸 플라티니는 완벽한 패스로 상대 수비진의 허점을 찌르곤 했어요. 득점력과 프리킥 능력이 뛰어나 동료 스트라이커보다 골을 많이 넣는 경기가 많았죠. 1984년 유러피언 챔피언십(현 유로)에서, 프랑스 대표팀으로 5경기 9골을 기록했어요.

헤게 리세

국적: 노르웨이
선수 경력: 1990년~2006년
주요 팀: 세츠코그-훌란드(노르웨이)

'눈이 여섯 개'라는 별명이 있을 정도로 시야가 넓은 선수예요. 자기 팀과 상대 선수들의 움직임을 완벽하게 파악해 적재적소에 패스를 찔러줬죠. 1990년대 헤게 리세가 활약했던 노르웨이 여자 대표팀은 월드컵, 올림픽, 유럽 챔피언십을 모두 제패했어요.

지네딘 지단

국적: 프랑스
선수 경력: 1989년~2006년
주요 팀: 보르도(프랑스), 유벤투스(이탈리아), 레알 마드리드(스페인)

최고의 공격형 미드필더예요. 놀라운 기술과 넓은 시야, 강한 체력으로 상대 수비수를 떨게 했죠. 지단은 1998년 월드컵 결승전에서 브라질을 상대로 두 골을 터트렸어요. 레알 마드리드의 '갈락티코'에서 가장 빛났던 스타였으며, 현재는 감독으로 팀을 이끌고 있어요.

1998년 월드컵에서 프랑스 대표팀의 지네딘 지단이 볼을 몰아 공격에 나서고 있어요.

사와 호마레

국적: 일본
선수 경력: 1991년~2015년
주요 팀: NTV 벨레자(일본), 애틀란타 비트(미국)

지칠 줄 모르는 체력으로 공격과 수비 양면으로 활약한 선수예요. 2011년에 개최된 여자 월드컵에서도 높은 기량을 보여주며 일본 대표팀을 이끌었어요. 미국과의 결승전에서 사와의 극적 동점골로(117분) 일본은 승부차기에서 이겨 우승을 차지할 수 있었어요.

안드레아 피를로

국적: 이탈리아
선수 경력: 1995년~2015년
주요 팀: AC 밀란, 유벤투스(이탈리아)

중앙 아래쪽에 자리를 잡는 피를로는 그리 많이 뛰는 선수는 아니에요. 그 대신 넓은 시야로 효과적인 패스를 보내요. 스피드도 빠르지 않고 골도 많이 넣지 않았지만, 동료들에게 무수한 득점 기회를 만들어주는 도움의 달인이었어요. 2006년 월드컵에서 대회 최다 도움을 기록하며 이탈리아를 우승으로 이끌었어요.

수비 플레이
버질 판 다이크의 수비 기술

수비는 공격보다 덜 화려해 보이는 게 맞지만, 축구에선 정말 중요한 부분이에요. 버질 판 다이크 같은 최고의 수비수는 필드 위를 호령하죠. 팀의 성공을 위해서 꼭 필요한 존재라 할 수 있어요.

수비의 목적은 상대의 득점을 막고 볼 소유권을 빼앗는 것이에요. 볼 소유를 되찾기 위해서는 팀 전체가 힘을 모아야 하죠. 상대의 공간을 없애고 강한 압박을 함으로써 공격수의 실수를 끌어내야 합니다. 이번엔 수비하는 요령과 함께 효과적인 협력 수비 방법을 알아보려고 해요.

세계 최고의 수비수

네덜란드 국가대표, 버질 판 다이크는 세계 최고 수비수 중 한 명이에요. 큰 키, 강한 체력, 빠른 발을 겸비했죠. 공중 볼 경쟁에 강하고 태클 기술이 좋은 데다 볼도 잘 다뤄요. 경기를 잘 읽어서 상대 공격을 미리 파악하고 위험 상황을 사전에 없애요. 2018년부터 네덜란드 대표팀의 주장을 맡고 있어요.

선수 프로필

- 이름: 버질 판 다이크
- 국적: 네덜란드
- 출생: 1991년 7월 8일
- 클럽: 리버풀(잉글랜드)
- 포지션: 수비수
- 주발: 오른쪽

속도
패스
드리블
수비
슛
체력

최고의 꿀팁

너무 쉽게 태클을 시도하지 마세요. 가능한 한 마지막 순간까지 일대일 상태를 유지해야 해요.

대치하기

공격수와 골대 사이에 자리를 잡고 뒤로 조금씩 물러나면서, 정확한 태클 타이밍을 잡아야 해요. 적당한 타이밍에 전방 태클을 시도하면 효과적입니다.

측면으로 서서 방어하면, 공격수가 수비수의 다리 사이로 볼을 빼내지 못해요.

버질 판 다이크가 슛을 시도하는 킬리앙 음바페를 막고 있어요.

대인 방어

공격수에게 최대한 밀착해서 상대의 움직임에 따라 같이 움직여야 해요. 항상 공격수와 골대 사이에 자리를 잡아야 합니다.

공격수가 패스를 달라고 손짓을 하고 있어요.

크로스의 궤도를 예측해서 밀착 마크해야 해요.

지역 방어

문전에서는 페널티킥을 허용할 일을 만들지 말아야 해요. 공격수를 밀거나 잡아당기지 말고, 상대가 움직일 수 있는 공간을 미리 선점해야 하는 거예요.

공격수의 움직임에서 눈을 떼면 안 돼요.

최고의 꿀팁
최종 수비 라인은 공격수의 위치에 따라 조정되어야 하고, 수비 라인 전체가 상대팀을 압박해야 해요.

수비 라인

수비 라인을 조직적으로 움직여야 해요. 즉 함께 전진하거나 함께 후진해야 해요. 라인을 잘 조정하면 상대 공격수의 오프사이드 반칙을 유도할 수 있어요.

중앙 수비수는 최종 수비 라인의 위치를 동료들에게 알려주어야 해요.

슛 블로킹

1 공격수의 슛을 막기 위해서는 상대에게 최대한 접근한 상태에서 발이나 몸을 이용해야 합니다.

최대한 오랫동안 눈으로 볼의 위치를 확인해요.

공격수가 자유롭게 슈팅하지 못하도록 가능한 한 빨리 공간을 없애야 해요.

다리를 길게 뻗으면서 슈팅 궤적에서 몸을 틀기 시작해요.

슛을 막기 위해서 앞쪽 다리를 길게 뻗어요.

2 공격수의 슛으로부터 자신을 보호하기 위해서 슈팅 궤적에서 몸을 틀어야 해요.

수비수의 몸에 막힌 슛이 골대 반대쪽 방향으로 튕겨 나가요.

핸드 볼 반칙을 하지 않기 위해 슛 각도에서 팔을 피해요.

축구 역사를 빛낸 스타:
수비수

위대한 수비수는 위험 상황이 발생할 때 동료들이 빨리 대비할 수 있도록 해줍니다. 솔선수범하며 실점을 방지하기 위해 필요한 최선의 노력을 기울이죠. 지금부터 소개할 스타플레이어들은 모두 주장으로서 자신들의 국가대표팀을 이끌었어요.

옵둘리오 바렐라

국적: 우루과이
선수 경력: 1936년~1955년
주요 팀: 페냐롤(우루과이)

옵둘리오 바렐라는 상대의 공격을 무너뜨린 후, 수비에서 미드필드로 플레이를 연결하는 최고의 능력자예요. 터프하고 집요한 수비 능력을 바탕으로 팀 동료들을 이끌었죠. 1950년 월드컵의 명승부였던 브라질과 우루과이 전에서 우루과이의 주장으로서 승리에 기여했어요.

보비 무어

국적: 잉글랜드
선수 경력: 1958년~1978년
주요 팀: 웨스트햄 유나이티드(잉글랜드)

축구 황제 펠레로부터 '직접 상대해본 최강의 수비수'라는 찬사를 받았다고 해요. 중앙 수비수로서 경기 흐름을 읽는 능력은 단연 최고였어요. 보비 무어는 정교한 태클로 볼을 빼앗아 팀을 위기에서 구하곤 했죠. 1966년 월드컵에서 잉글랜드의 주장으로 우승을 차지했고, 4년 뒤 멕시코 대회에서도 최고의 활약을 펼쳤어요.

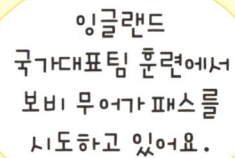

잉글랜드 국가대표팀 훈련에서 보비 무어가 패스를 시도하고 있어요.

프란츠 베켄바우어

국적: 독일
선수 경력: 1964년~1983년
주요 팀: 바이에른 뮌헨(독일)

프란츠 베켄바우어는 포지션에 구애받지 않고, 수비 라인에서 미드필드까지 볼을 몰고 전진하는 플레이에 능했어요. '스위퍼'라는 포지션의 선구자이기도 해요. 스위퍼란 수비에서 공격까지 전방위로 팀플레이에 관여하는 역할을 말해요. 1974년 월드컵에서 독일의 주장으로 우승했고, 16년 후 감독으로서도 우승을 이끌었어요.

조이 퍼셋

국적: 미국
선수 경력: 1987년~2004년
주요 팀: 샌디에고 스피리트(미국)

17년 동안 미국 여자 국가대표팀의 중앙수비수로서 활약했어요. 조이 퍼셋은 강하고 끈질긴 수비의 대명사예요. 여자 월드컵 3개 대회의 전 경기에 풀타임 출전했고, 1995년과 2003년에는 올림픽 금메달을 차지하는 등 국가대항전 241경기 출전 기록을 세웠어요. 미국 여자 프로축구리그의 선구자라 불려요.

파올로 말디니

국적: 이탈리아
선수 경력: 1984년~2009년
주요 팀: AC 밀란(이탈리아)

성실한 플레이와 강한 체력을 가진 수비수예요. 완벽한 태클 능력이 있었지만, 대부분은 정확한 위치 선정과 대인 방어로 상대 공격을 봉쇄했죠. 이탈리아 대표팀과 AC 밀란에서 프랑코 바레시, 알레산드로 네스타와 호흡을 맞춰 최강 수비진을 꾸몄고, 밀란에서만 25년 뛰면서 세리에A 우승 7회, 유러피언컵 우승 5회를 달성했어요.

스테프 하우턴

국적: 잉글랜드
선수 경력: 2002년~현재
주요 팀: 리즈 유나이티드, 아스널, 맨체스터 시티(잉글랜드)

스트라이커 출신답게 수비에서 공격으로 전환하는 플레이에 능해요. 스테프 하우턴의 진정한 가치는 팀이 수세에 몰릴 때 발휘되죠. 강력한 태클로 위험 요소를 제거하며 상대와 거친 몸싸움을 마다하지 않아요. 뛰어난 볼 간수 능력을 살려 잉글랜드 여자 대표팀을 업그레이드시켰다고 평가받아요.

골키퍼 플레이
알리송 베커의 골키핑 기술

골키퍼는 경기 중 대부분의 시간을 플레이를 관찰하며 보내요. 하지만 볼이 위험한 지역에 들어오면 즉각 반응할 수 있도록 항상 준비를 갖춰야 해요. 알리송 베커 같은 특급 골키퍼는 자신의 방어 지역을 지키면서 수비수들에게 명확한 지시를 내려요. 때때로 골문에서 나와 위험 요소를 직접 해결하기도 하죠.

브라질의 국가대표 골키퍼, 알리송 베커가 파라과이를 상대해 페널티킥을 막아내고 있어요.

골키핑에는 다양한 기술이 있어요. 몸을 던져 슛을 막는 다이빙세이브를 하려면 순발력이 필요해요. 하지만 위험한 상황에서 언제 골라인에서 벗어나서 적극적으로 방어할지를 결정하는 정확한 판단력이 제일 중요해요. 수비수의 백패스를 손으로 잡을 수 없기 때문에 발기술도 좋아야 하죠. 지금부터 골키핑 기술에 대해 알아볼 거예요. 세이브, 캐치, 펀치, 킥, 그리고 슈팅 각도 좁히기입니다.

선수 프로필

이름:	알리송 베커
국적:	브라질
출생:	1992년 10월 2일
클럽:	리버풀(잉글랜드)
포지션:	골키퍼
주발:	왼쪽

속도
패스
드리블
수비
슛
체력

슈팅 각도 좁히기

골라인에 가깝다는 것은 방어 범위(노란색)가 좁다는 뜻이에요.

슛을 때릴 수 있는 위치까지 접근한 공격수와 맞서는 상황이 벌어지면, 골라인에서 전진해서 슈팅 각도를 좁힐 수 있어요. 골키퍼와 공격수의 거리가 짧아진 덕분에 슈팅 가능 지점이 줄어들기 때문이죠.

골라인에서 나와 공격수와의 거리를 좁히면 방어 범위가 넓어져요.

스위퍼겸 골키퍼

브라질 국가대표 골키퍼, 알리송 베커는 큰 체격을 이용해 공격수에게 적극적으로 접근해서 슛을 막아내요.
위치 선정이 뛰어나고 캐칭 능력도 좋죠. 하지만 그의 진가는 발로 볼을 다루는 상황에서 발휘돼요.
패스와 드리블 능력이 좋아서 스위퍼 역할까지 해내니까요. 최종 수비수이자 공격의 기점으로 활약했어요.

구르는 볼 잡기

볼이 정면으로 굴러오면 한쪽 무릎을 땅에 댄 자세로 기다렸다가 양팔을 이용해 가슴 쪽으로 볼을 주워요.

상체를 앞쪽으로 기울여서 굴러오는 볼을 막는 벽처럼 이용하는 거예요.

공중 볼 잡기

머리 위로 높게 뜬 볼은 뛰어올라 잡아요. 두 손을 쭉 뻗어 볼의 양쪽을 확실히 잡아야 해요. 볼을 잡자마자 가슴 쪽으로 끌어당겨서 볼을 지켜야 해요.

정면 방향에서 볼을 잡아야 몸의 균형을 유지할 수 있어요.

한쪽 발로 힘차게 뛰어오르세요.

펀칭

볼을 잡기 어려운 상황이라면, 주먹으로 볼을 멀리 쳐내서 위험 상황에 대처해요.

양 주먹을 이용해 볼을 쳐내면 됩니다.

🏆 최고의 꿀팁

볼을 잡기 어렵다고 판단되면, 크로스바 위로 볼을 넘겨서 코너 아웃되도록 해요.

기술 연습

- 높게 날아오는 크로스를 캐치하는 훈련을 반복해 자신감 키우기.
- 팀의 동료가 다양한 속도와 높이로 슛을 하거나 볼을 던져서, 짧은 거리에서 막는 연습하기.
- 골키퍼는 발로도 볼을 잘 다뤄야 하므로 동료 선수들의 패스 훈련에 참여하기.

손으로 던지기

1 팔을 위로 올려서 공중으로 던지는 거예요. 손바닥으로 넓게 볼을 잡은 다음, 팔을 몸의 뒤쪽으로 보냈다가 큰 스윙으로 던져요.

던지는 동작을 할 때, 볼을 잡지 않은 팔은 몸의 균형을 잡는 역할을 해요.

2 볼을 잡은 팔을 머리 위쪽으로 휘둘러서 힘차게 던져요. 던지는 동작에서 엉덩이를 틀어주면 더 멀리 던질 수 있어요.

던지는 방향으로 몸을 틀어주세요.

던진 후에도 팔을 곧게 편 상태를 유지하세요.

볼 굴리기

1 가까운 거리에 있는 동료에게 안전하게 연결하려고 할 때, 볼을 땅에 굴려요.

앞쪽 발이 던지는 방향을 향해야 해요.

2 자세를 낮춘 상태에서 팔을 아래쪽으로 휘둘러서 안전하게 볼을 굴려요. 낮게 굴려주어야 동료가 받기 편해요.

볼을 놓는 순간에는 무릎이 바닥에 닿도록 자세를 낮추세요.

던지는 팔을 최대한 쭉 펴야 해요.

드롭킥

드롭킥을 하려면 잡고 있던 볼을 정면에서 떨어뜨리세요. 볼이 바닥에 닿기 직전에 인스텝(발등) 부위로 강하게 차면 됩니다.

볼을 앞에 떨어뜨리고 찰 때까지 시선을 고정해야 해요.

양팔을 펴서 몸의 균형을 유지하세요.

골킥

골킥을 제대로 차려면 정확성과 파워가 필수적이죠. 짧은 도움닫기 후에 볼의 중심 바로 아래쪽을 강하게 차야 해요.

발을 최대한 뒤로 젖혀서 발끝 부분에 볼이 맞도록 해야 됩니다.

디딤발을 볼 옆에 두세요.

기술 연습

- 다양한 위치에서 동료들이 때리는 슛 막아보기.
- 연속 슈팅을 방어하는 훈련. 슈팅을 막은 후에 리바운드 슛을 막는 연습하기.
- 오른쪽, 왼쪽으로 다이빙 세이브 훈련하기. 자신이 약한 쪽을 집중 연습하기.
- 몸 가까이로 날아오는 슛을 막는 연습하기.

공격수 앞에서 몸 날리기

시선은 공격수가 아니라 볼에가 있어야 합니다.

공격수가 드리블하는 볼을 잡으려고 몸을 날리는 플레이는 위험해요. 그래서 처음에는 느린 동작으로 연습해야 합니다. 자신의 몸을 뻗어서 벽을 만드는 방어법이라 할 수 있어요.

다이빙 세이브

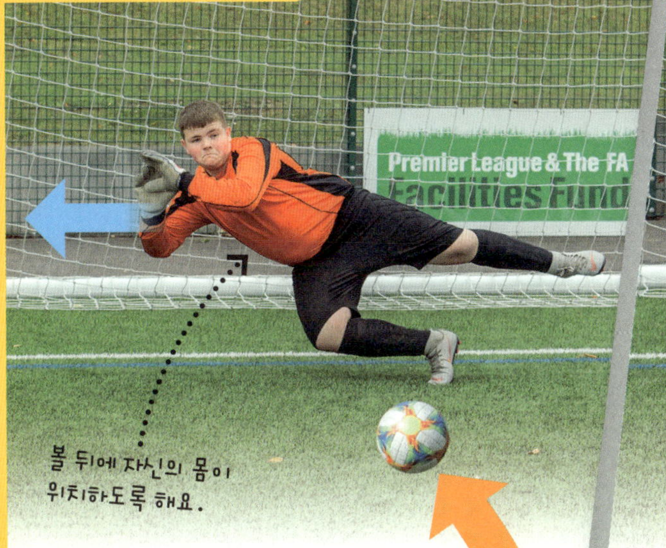
Premier League & The FA
Facilities Fund
볼 뒤에 자신의 몸이
위치하도록 해요.

1 슈팅 방향과 가까운 쪽의 무릎을 구부렸다가 옆 방향으로 힘차게 밀어요. 이때 시선을 볼에서 떼지 않는 게 중요해요.

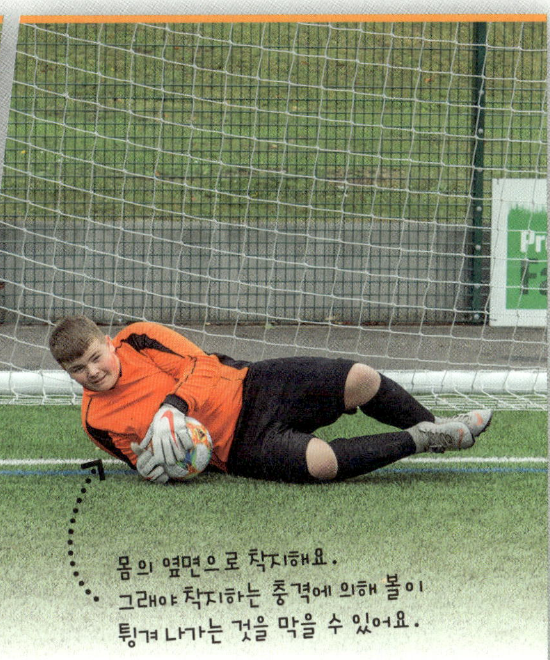
몸의 옆면으로 착지해요.
그래야 착지하는 충격에 의해 볼이
튕겨 나가는 것을 막을 수 있어요.

2 몸을 날려 손으로 슛을 잡을 때까지 볼을 봐야 해요. 볼을 잡으면 곧바로 몸 쪽으로 확실하게 끌어당기세요.

골키퍼 준비 동작

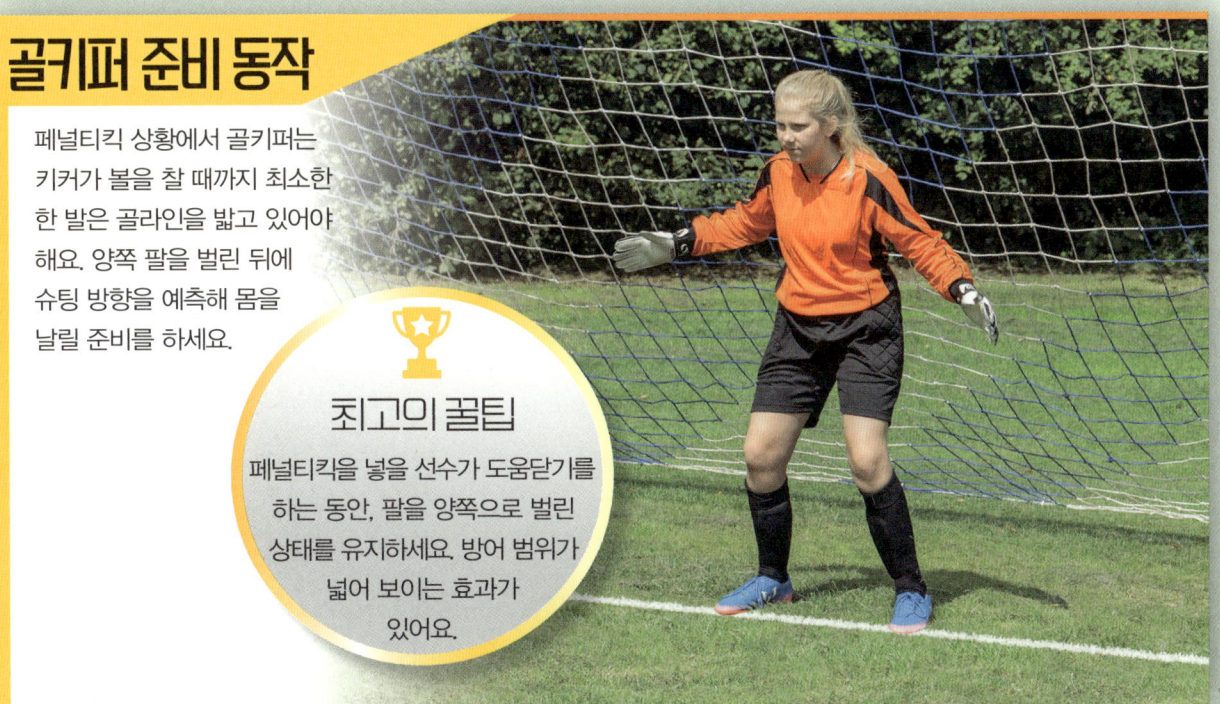

페널티킥 상황에서 골키퍼는 키커가 볼을 찰 때까지 최소한 한 발은 골라인을 밟고 있어야 해요. 양쪽 팔을 벌린 뒤에 슈팅 방향을 예측해 몸을 날릴 준비를 하세요.

최고의 꿀팁

페널티킥을 넣을 선수가 도움닫기를 하는 동안, 팔을 양쪽으로 벌린 상태를 유지하세요. 방어 범위가 넓어 보이는 효과가 있어요.

축구 역사를 빛낸 스타:
골키퍼

세계적인 골키퍼들은 운동 능력과 경험을 조화시켜 문전을 안정적으로 지켜요. 주로 30대가 되었을 때 전성기를 맞는다고 합니다. 최고의 골키퍼는 최후방 사령관으로서 수비를 조직하고 동료들에게 자신감을 심어주는 역할을 합니다.

레프 야신

국적: 구소련
선수 경력: 1950년~1970년
주요 팀: 디나모 모스크바 (러시아)

도저히 손이 닿지 않을 것 같은 슛도 막아내서 '검은 거미'라는 별명을 갖고 있어요. 그는 골키퍼라는 역할에 혁신을 일으켰어요. 수비수들에게 공격수 압박을 지시하고, 직접 공격수를 막고, 크로스를 잡기 위해 전진했던 최초의 골키퍼죠. 활동하는 동안 무려 150회의 페널티킥을 막아냈다고 해요.

고든 뱅크스

국적: 잉글랜드
선수 경력: 1958년~1973년
주요 팀: 레스터 시티, 스토크 시티(잉글랜드)

놀라운 순발력으로 슈퍼세이브를 해낸 선수예요. 1970년 월드컵에서 펠레의 헤딩슛을 막아낸 장면은 축구 역사상 가장 위대한 선방 중 하나로 꼽혀요. 1966년 월드컵에서는 전 경기에 출전해 잉글랜드의 우승을 지켜냈어요. 1966년부터 1971년까지 연속으로 FIFA '올해의 골키퍼'에 선정되면서 팀 승리에 기여했어요.

디노 조프

국적: 이탈리아
선수 경력: 1961년~1983년
주요 팀: 나폴리, 유벤투스(이탈리아)

1982년 월드컵에서 이탈리아 국가대표로 출전해 역대 최고령 우승 골키퍼에 올랐어요. 1968년 유러피언 챔피언십(현 유로) 우승을 시작으로 수많은 타이틀을 따내며 당대 최고의 골키퍼로 군림했죠. 뛰어난 위치 선정으로 다른 골키퍼라면 막기 어려운 상황에서도 슈퍼세이브를 연발했답니다.

호세 루이스 칠라베르트
국적: 파라과이
선수 경력: 1982년~2003년
주요 팀: 산 로렌소,
벨레스 사스필드(아르헨티나)

해트트릭을 달성한 세계 유일의 골키퍼, 호세 루이스 칠라베르트는 놀라운 방어 능력과 함께 강력한 프리킥이 무기였어요. 페널티박스 밖으로 직접 볼을 몰고 나가는 모습을 자주 볼 수 있었죠. 경기장 안팎에서 강력한 카리스마를 발휘하며 1998년, 2002년 월드컵에 출전했답니다.

실케 로텐베르그
국적: 독일
선수 경력: 1988년~2008년
주요 팀: TSV 시겐, 1. FFC 프랑크푸르트(독일)

침착한 골키퍼의 대명사, 실케 로텐베르그는 1990년대부터 2000년대에 걸쳐 독일 대표팀의 수문장으로 활약했어요. 2003년 여자 월드컵을 우승으로 이끌면서, 대회 최우수 골키퍼로 선정되었죠. 1997년, 2001년, 2005년 유러피언 여자 챔피언십 우승 멤버이기도 합니다.

호프 솔로
국적: 미국
선수 경력: 2000년~2016년
주요 팀: 코파베르그/괴테보리(스웨덴),
시애틀 레인(미국)

A매치 무실점 경기를 100회 이상 치른 최초의 골키퍼로, 슛 방어력이 최고의 강점이에요. 미국 국가대표팀에서만 16년 동안 활약하면서 2008년과 2012년 올림픽 금메달, 2015년 여자 월드컵 우승을 기록했어요. 경기장 밖에서는 여권 신장 운동에도 열심이었다고 합니다.

2011년 여자 월드컵 경기에서 미국 국가대표 골키퍼, 호프 솔로가 다이빙 세이브를 펼치고 있어요.

슈퍼스타들의 전설적인 개인기

볼터치의 천재들이 상대를 제치는 방법

슈퍼스타들은 상상을 뛰어넘는 플레이로 관중들을 감탄시켜요. 놀라운 볼터치, 예측 불허의 움직임과 페인팅으로 수비수를 꼼짝 못하게 하는 거예요. 사람들은 그런 플레이에 그 선수의 이름을 붙여준답니다. '마라도나 턴'처럼 말이에요. 지금부터 선수의 이름이 붙은 플레이를 소개해볼게요.

마라도나 턴

'마르세유 턴' 또는 '마르세유 룰렛'이라고도 불러요. 한쪽 발로 볼을 위에서 긁고 다른 발로 부드럽게 180도 돌아 수비수를 따돌리는 기술이죠. 아르헨티나의 전설적 포워드 디에고 마라도나는 이 기술의 최고 달인이었어요. 환상적 균형감각 덕분이었죠. 실패하면 우스꽝스러워 보일 수 있기 때문에 마라도나는 엄청난 연습으로 이 기술을 완성했다고 해요.

필요 능력: 볼 컨트롤, 균형 감각
첫 등장: 이 기술을 처음 사용한 사람은 1970년대 프랑스의 이브스 마리오라고 알려져 있어요. 이후 디에고 마라도나에 의해 대중화되었어요.

> 디에고 마라도나의 패스 직전 자세처럼 보이지만, 사실은 왼쪽 발로 볼을 긁으려고 하는 자세에요.

호나우지뉴 플립플랩

브라질 국가대표 공격수, 호나우지뉴는 놀라운 개인기를 다양하게 구사해요. 제일 유명한 기술이 플립플랩('엘라티코'라고도 불러요)이에요. 수비수의 무게중심을 무너뜨리기 위한 기술이죠. 일단 발의 바깥쪽으로 볼을 오른쪽으로 건드린 직후, 발의 안쪽을 이용해 왼쪽으로 꺾는 테크닉입니다.

필요 능력: 볼 컨트롤, 균형 감각
첫 등장: 일본계 브라질 선수인 세르지오 에치고가 창안했어요. 이 기술을 배운 클럽 동료 히벨리뉴가 1970년 월드컵에서 처음 선보였습니다.

리켈메 턴

아르헨티나의 국가대표 미드필더로 유명한 후안 로만 리켈메는 다채로운 개인기로 수비수들을 농락했어요. 가장 대표적인 것이 360도 턴하는 기술이에요. 수비수 두 명이 한꺼번에 달려드는 상황에서 발꿈치를 이용해 상대의 가랑이 사이로 볼을 빼내는 테크닉이랍니다.

필요 능력: 균형 감각과 볼 컨트롤
첫 등장: 2007년 보카 주니어스 소속이던 리켈메가 경기 중 이 기술을 처음 선보였어요.

크루이프 턴

요한 크루이프가 창안한 페인팅 기술로, 수비수를 완벽히 속여 일대일 돌파를 해내요. 패스하는 척하다가 볼을 디딤발 뒤쪽으로 굴려서 180도 턴하는 거예요. 방향을 잘못 예측한 수비수는 꼼짝없이 당할 수밖에 없어요. 크루이프의 다른 기술들과는 달리 많은 선수들이 이용하는 테크닉이에요.

필요 능력: 볼 컨트롤
첫 등장: 1974년 월드컵에서 크루이프가 처음 선보였어요. 유로2016에서 웨일스의 공격수 할 롭슨-카누가 크루이프 턴으로 수비수 3명을 한 번에 제치고 골을 넣어서 화제가 되었어요.

위대한 골 다섯 장면

월드컵 무대에서 만들어진 기적의 득점 상황

 카를루스 아우베르투

일자: 1970년 6월 21일
결과: 브라질 4-1 이탈리아 (결승전)

브라질의 네 번째 골은 팀워크가 얼마나 위대한지를 보여주었어요. 총 아홉 명의 선수가 볼을 운반해 이탈리아의 페널티박스에 도달했죠. 그리고 펠레의 마지막 패스를 레프트백이자 주장인 카를루스 아우베르투가 오른발 슛으로 마무리했어요.

 데니스 베르캄프

일자: 1998년 7월 4일
결과: 네덜란드 2-1 아르헨티나 (8강전)

 디에고 마라도나

일자: 1986년 6월 22일
결과: 아르헨티나 2-1 잉글랜드 (8강전)

디에고 마라도나가 자기 진영에서 볼을 받았어요. 돌아선 마라도나는 그대로 60m를 드리블로 돌파하면서 잉글랜드 수비수 다섯 명을 제친 뒤에 골키퍼 피터 실튼까지 따돌리고 골을 터뜨렸어요. 마라도나가 만든 이 득점은 FIFA 투표에서 '20세기 가장 위대한 골'로 뽑혔답니다.

프랑크 더부르가 자기 진영에서 전방으로 60m짜리 롱 패스를 보냈어요. 페널티박스 근처에 있던 자기팀 공격수 데니스 베르캄프를 향해서였죠. 베르캄프는 완벽한 볼터치를 3회 연속 선보였어요.
첫 터치로 볼을 받았고, 두 번째 터치로 수비수를 제쳤고, 세 번째 터치로 골을 터트렸어요.

막시 로드리게스

일자: 2006년 6월 24일
결과: 아르헨티나 2–1 멕시코 (16강전)

페널티박스 밖에서 아르헨티나의 막시 로드리게스가 롱 패스를 가슴으로 받았어요. 골문을 등진 상태에서 돌아서면서 왼발로 터닝슛을 때려 상대 골문의 톱코너를 뚫었어요. 연장전 결승골이 되었답니다.

모니카 오캄포

일자: 2011년 6월 27일
결과: 멕시코 1–1 잉글랜드, 조별 리그

모니카 오캄포의 월드컵 첫 경기에서 나온 30m의 장거리포예요. 왼발로 패스를 받은 뒤 자신의 주발인 오른쪽으로 방향을 바꿨고, 자기 앞에 공간이 열렸다는 사실을 확인한 즉시 과감하게 슛을 때렸어요. 상대 골키퍼가 손쓸 수 없는 골문 왼쪽에 정확히 꽂혔어요.

축구 역사를 빛낸 지도자!
축구 명장

최고의 축구 감독은 선수들의 능력을 최대한으로 끌어올려주는 역할을 해요. 능력 있는 선수들과 효과적인 전술을 선택해 축구 역사에 길이 남을 업적을 남긴 감독들이 있습니다. 또 새로운 플레이스타일을 창안한 감독들도 있고요. 지금부터 축구 명장들을 소개해볼게요.

리누스 미헬스

국적: 네덜란드
지도 경력: 1960년~1992년
지도 팀: 네덜란드 국가대표팀

미헬스는 네덜란드의 아약스에서 '토털사커'라는 플레이스타일을 창시했어요. 경기 중 선수들의 포지션을 자유롭게 바꾼다는 점이 특징이죠. 이 스타일을 그대로 가져온 네덜란드 대표팀은 1974년 월드컵 결승에 진출했어요. 미헬스는 1988년 국가대표팀 감독으로 복귀해 유러피언 챔피언십(현 유로)에서 우승을 차지했어요.

마리우 자갈루

국적: 브라질
지도 경력: 1966년~2002년
지도 팀: 브라질 국가대표팀

브라질 축구의 전설, 마리우 자갈루는 선수 시절(1958년, 1962년) 월드컵 우승을 차지했어요. 1970년엔 감독으로서 사상 최고의 팀으로 평가받던 브라질 대표팀을 우승으로 이끌었어요. 1984년엔 수석코치로서 다시 우승을 안았어요. 뛰어난 전술 능력으로 선수들로부터 '교수님'으로 불렸죠. 선수들의 창의적 능력을 최대한 살리는 유연한 전술이 특징이에요.

프란츠 베켄바우어

국적: 독일
지도 경력: 1984년~1996년
지도 팀: 서독 국가대표팀

선수와 지도자로서 프란츠 베켄바우어는 승자의 정신력을 보여주었어요. 화려한 선수 경력을 마친 뒤 서독 국가대표팀을 이끌고 월드컵에 두 번 출전했죠. 1986년 대회 결승전에서 독일은 아르헨티나에 막혀 패했지만, 4년 뒤에는 1-0으로 승리해 월드컵 우승을 차지했습니다.

루이스 펠리페 스콜라리

국적: 브라질
지도 경력: 1982년~현재
지도 팀: 브라질, 포르투갈 국가대표팀

지금까지 20개 이상의 팀을 지도할 정도로 오랫동안 지도자 생활을 하면서 다채로운 업적을 남겼어요. 2002년 월드컵에서 브라질 국가대표팀을 우승으로 이끌었고, 이후 포르투갈 대표팀도 지도했죠. 스콜라리 감독이 이끄는 포르투갈은 유로2004에서 돌풍을 일으킨 그리스에 패해 아쉽게 준우승에 머물렀어요.

비센테 델 보스케

국적: 스페인
지도 경력: 1987년~2016년
지도 팀: 스페인 국가대표팀

레알 마드리드에서 눈부신 성과를 기록한 비센테 델 보스케 감독은 2008년 능력 있는 선수들로 구성된 스페인 대표팀을 유로 우승으로 이끌었어요. 2010년 월드컵에서 스페인 최초의 우승을 달성했고, 2년 뒤 유로2012에서도 우승했어요. 델 보스케는 우세한 볼 점유를 바탕으로 승리를 이끌어내는 스페인의 쇼트 패스 스타일로 유명합니다.

피아 순트하게

국적: 스웨덴
지도 경력: 1992년~현재
지도 팀: 미국, 스웨덴, 브라질 국가대표팀

피아 순트하게가 처음 맡은 국가대표팀은 미국이에요. 미국대표팀과 함께하는 6년 동안 올림픽 금메달을 두 차례 획득했죠(2008년, 2012년). 체력적 강세 위에 정교한 조직을 구축해 최강팀을 만들었어요. 그 후 조국 스웨덴 국가대표팀을 맡았고, 2019년부터는 브라질 국가대표팀을 이끌고 있어요.

> 2002년 월드컵 결승전을 앞두고 루이스 펠리페 스콜라리 감독이 브라질 대표팀을 지도하고 있어요.

팀 포메이션과 스타일

팀 빌딩의 모든 것

축구 지도자는 보유한 선수들은 물론 상대 선수들의 장단점까지 면밀히 파악해 자기 팀에 맞는 다양한 전술을 선택할 수 있어요. 포메이션은 숫자로 표시되는데, 필드의 각 포지션에 서는 선수들의 숫자를 나타낸다고 생각하면 쉬워요. 즉 수비-미드필드-공격을 담당하는 선수의 구성이에요.

4-4-2

1950년대 브라질 국가대표팀과 레알 마드리드가 처음 사용했어요. 최후방 4명, 최전방 2명을 세워요. 영국 축구의 대명사처럼 자리 잡았으며 역습을 노리는 팀이 주로 사용해요. 미드필드의 4명 중 1명이 앞에 서고 다른 1명이 뒤에 서는 '다이아몬드 4-4-2'로 변형도 가능해요.

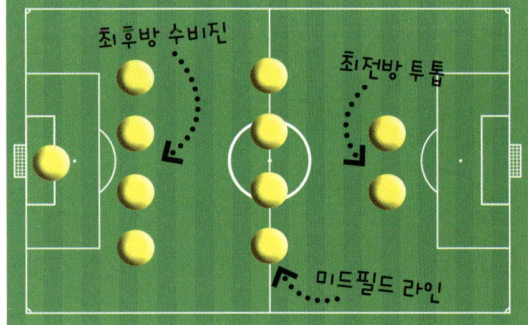

강점: 좌우 폭을 넓게 가져갈 수 있어요. 특히 양쪽에 빠른 풀백이 있으면 적극적으로 공격에 가담하고, 스트라이커는 미드필드 플레이를 기다리지 않고 독자적으로 전방 쇄도해요.

약점: 포지션 변화가 뚜렷하지 않으면 상대가 플레이를 쉽게 예측하게 돼요. 미드필더 4명이 공수를 모두 소화해야 하므로 빠른 템포로 진행되는 경기에서 체력이 달릴 수 있습니다.

4-3-3

최전방에 3명을 세우는 4-3-3은 볼 점유 능력이 뛰어나서 공격에 자신 있는 팀이 주로 구사해요. 공격에 있어서 최전방 3명은 뒤에 있는 미드필드와 양쪽 풀백의 도움을 받아요.

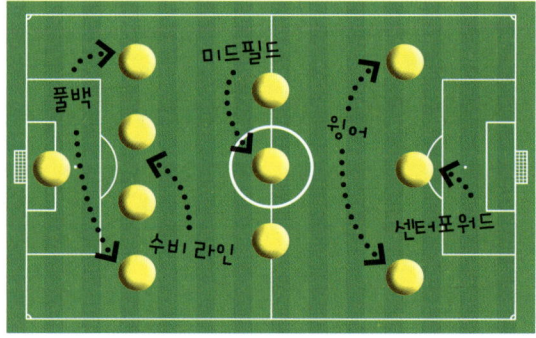

강점: 볼을 점유할 때 전방에 서는 선수의 숫자를 최대 7명까지 늘릴 수 있어, 수비적으로 나오는 팀을 상대로 경기를 주도할 수 있어요.

약점: 앞에 선수를 많이 세우기 때문에 역습을 당할 위험이 커요. 공격을 하던 동료가 볼을 빼앗기면 자기 진영을 지키는 선수가 적기 때문에 공간을 허용하기 쉬운 거예요.

공격형 3-5-2

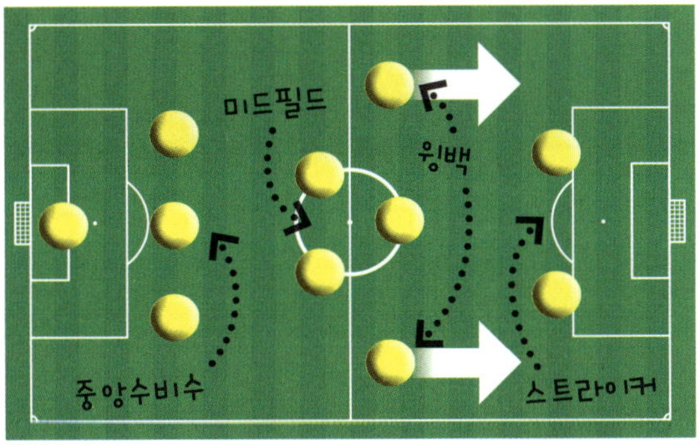

이 포메이션에서는 중앙수비수 3명을 수비형 미드필더 2명이 지원해요. 중앙수비수 3명은 넓은 영역을 커버해야 하므로 발이 빨라야 해요. 양쪽 윙백은 수비를 돕기 위해 아래로 내려오기도 하고, 공격할 때는 전진해서 상대의 측면을 공략해요.

브라질의 윙백 호베르투 카를루스가 빠른 드리블 돌파로 독일 수비수를 제치고 있어요.

강점: 중앙수비수가 3명이라서 4-4-2를 쓰는 상대팀의 투톱을 막기 편해요. 공격과 수비 상황에 따라서 포메이션을 빠르게 바꿀 수도 있어요.

약점: 양쪽 윙백이 넓은 공간을 담당해야 되므로 체력적 부담이 커요. 또한 중앙수비수 3명은 상대의 빠른 역습에 고전할 수 있어요.

플레이스타일

토털사커
1960년대 아약스의 리누스 미헬스 감독이 창안한 스타일로 정해진 포지션이 없이 자유롭게 뛰는 것이 특징이에요. 창의적인 선수가 많은 팀에 잘 맞죠. 예를 들어 한 선수가 자기 포지션에서 벗어나면 다른 포지션에 있던 동료가 빈자리를 메꾸는 식이에요. 중앙수비수가 갑자기 측면 수비를 맡아야 하는 등, 선수들의 체력 부담이 커요.

1970년대 네덜란드 국가대표팀은 요한 크루이프의 창의적 플레이를 바탕으로 토털사커 스타일을 완성했어요.

압박 축구
현대 축구에서 리버풀처럼 공격적 축구를 구사하는 팀이 애용하는 스타일이에요. 상대 진영에서 볼을 빼앗겼을 때 전방에서부터 압박을 해서 볼을 되찾고, 유리한 지점에서 다시 공격할 수 있어요.

티키타카
바르셀로나와 스페인 국가대표팀의 플레이스타일로, 쉼 없는 쇼트패스 연결과 압도적 볼 점유가 바탕이 되어야 해요. 끈기 있게 볼을 좌우로 돌리면서 상대의 수비 허점을 노려서 기회를 찾는 것이 특징이랍니다.

용어 해설
많이 쓰이는 축구 용어 정리

골라인
필드의 끝을 표시하는 선. 양쪽 코너 플래그를 잇는 선을 의미합니다.

골사이드
자기 팀 골대와 볼 사이, 혹은 상대 선수와 볼 사이에 자기 팀 선수들이 차지한 영역.

교체
경기에서 뛰는 선수를 출전 명단에 등록된 다른 선수로 바꾸는 조치. 한 경기에서 3명까지 가능합니다.

드리블
발로 볼을 정교하게 다루면서 앞으로 달려가는 기술.

레드카드
심각한 반칙을 저지른 선수에게 주심이 보여주는 카드. 레드카드를 받는 즉시 퇴장해야 합니다.

맨 마크
볼을 갖고 골대 방향으로 공격해 들어오는 상대 공격수를 막는 플레이로, 돌파 대신 패스를 하게 만드는 수비 방법을 말합니다. 패스를 받기 어렵게 하는 밀착 플레이를 뜻하기도 합니다.

반칙(파울)
경기 중 축구 규칙을 어기는 행위. 반칙을 하면 상대 팀에 프리킥 또는 페널티킥을 내주게 됩니다.

발리킥
공중에 떠 있는 상태의 볼을 직접 때리는 플레이.

백힐
발의 뒤꿈치를 사용하는 쇼트 패스.

볼 점유
팀 또는 선수가 패스 등을 통해 볼 소유를 유지하는 플레이.

부심
경기 중 주심을 돕는 역할. 양쪽 사이드라인을 따라 움직이며 깃발을 사용합니다.

수비벽
골대 가까운 곳에서 상대의 프리킥을 막기 위해 수비 팀의 선수들이 만드는 벽.

신패드
모든 선수가 착용해야 하는 정강이 보호대.

실딩
상대 수비수와 볼 사이에 몸을 위치한 상태로 볼 소유를 지키는 플레이. '수비수 등지는 플레이'라고도 합니다.

스로인
볼이 터치라인을 넘어간 뒤에 경기를 재개하는 방법. 볼을 아웃시킨 팀의 상대 팀에 주어지며 양손으로 볼을 잡고 머리 위로 던져야 합니다.

스루볼
상대의 수비 라인 뒷공간에 있는 동료에게 연결하는 패스.

스위퍼
기본적으로 최후방 수비 라인에서 뛰지만 볼을 빼앗은 뒤 전방 높은 곳까지 전진해 공격에 가담하는 역할.

옐로카드
주심이 거친 반칙을 범한 선수에게 경고의 의미로 보여주는 노란색 카드. 한 선수가 옐로카드를 두 번 받으면 레드카드로 전환되어 즉시 필드 밖으로 나가야 합니다.

인스텝
축구화의 끈이 위치한 발등 부위를 가리킵니다.

일대일 대치
볼을 갖고 있는 상대 공격수의 앞에 서서 달려들지 않으면서 상대의 패스나 전진을 저지하는 플레이를 말합니다.

오프사이드
공격하는 팀 선수의 신체가 최후방 수비수보다 상대 골대 쪽에 가까이 있으면 오프사이드가 됩니다. 그 위치에 있더라도 플레이에 관여하지 않으면 상관없습니다.

윙어
양쪽 측면을 따라 공격을 수행하는 선수.

주심
축구 규칙을 적용해서 경기를 관장하는 심판.

지역방어
상대 공격수를 수비하는 것이 아니라 특정 영역에 먼저 위치를 잡고 수비하는 방법.

칩
볼을 공중으로 살짝 띄우는 기술. 패스 또는 슛을 할 수 있습니다.

캡(Caps)
국가대표팀(A매치)으로 출전하는 횟수.

코너킥
양쪽 코너 플래그에서 차는 킥. 수비 팀의 선수가 마지막으로 건드린 볼이 골라인을 넘어갔을 때, 공격 팀에 주어집니다.

크로스
양쪽 측면에서 페널티 에어리어로 보내는 패스.

태클
발을 사용해 상대가 소유한 볼을 빼앗는 플레이.

터치라인
필드에서 골대가 없는 쪽의 양쪽 라인.

트래핑
발, 가슴, 머리 등 신체 일부를 이용해서 날아오는 볼을 받아내는 기술.

페널티 에어리어
양쪽 골대를 각각 둘러싸고 있는 폭 40.2m(44야드) 크기의 사각형. 이 박스 안에서는 골키퍼만 손을 사용할 수 있습니다. 박스 안에서 수비 팀이 반칙을 범하면 공격 팀에 페널티킥이 주어집니다.

페널티킥
골대로부터 11m(120야드) 떨어진 지점에서 직접 때리는 슛. 킥을 하는 동안 페널티 에어리어 안에는 키커와 골키퍼 2명만 있을 수 있습니다.

페인팅
수비수의 몸이 균형을 잃고 잘못된 방향으로 쏠리게 하려는 의도를 가진 가짜 몸동작.

포메이션
필드에서의 라인업을 수비, 미드필드, 공격으로 구분해서 선수들의 숫자와 위치를 나타내는 방식.

프리킥
경기 중 축구 규칙을 어기고 반칙을 한 팀의 상대 팀에게 주어지는 킥.

피파(FIFA)
국제축구연맹. Fédération Internationale de Football Association의 약자.

인덱스

ㄱ
가레스 베일 28-29
가레스 사우스게이트 56
감독 56, 104-105
감아 차기 26-27
　볼 임팩트 27
　팔로스루 27
경기 준비하기 14-15
경기 방해 행위 10
고든 뱅크스 98
골대 8
골키퍼 10, 11, 19, 49, 98-99
골키핑 92-97
　각도 좁히기 93
　골키퍼 장갑 13
　골킥 96
　공격수 앞에서 몸 날리기 96
　공중 볼 잡기 94
　구르는 볼 잡기 94
　기술 92
　기술 연습 94, 96
　드롭킥 96, 97
　볼 굴리기 95
　손으로 던지기 95
　준비 동작 97
　펀칭 94
골킥 11, 66, 96
공간 찾기 60-63, 75
　공간으로 쇄도하기 75, 82
　공간 패스 61
　동료에게 공간 만들어주기 63
　수비수 따돌리기 62
　온사이드 유지하기 62
공격 40, 74-77, 78-79

공간으로 쇄도하기 75
대인 방어 88
문전 쇄도 77
볼 헤딩하기 34
수비수 등지기 64
원투 패스 76-77
긴 머리 묶기 15

ㄴ
난폭 행위 10, 48
네이마르 49, 50-51

ㄷ
다비드 실바 40-41
대기심 9
대치하기 87
데니스 베르캄프 102-103
드래그백 53
드롭킥 96, 97
드리블 15, 38-39
　기술 연습 39
　발 가까이 유지 38, 39
　일정한 속도 유지 39
디노 조프 98
디에고 마라도나 79, 100, 102

ㄹ
라민 레자에이안 49
라보나 50, 55
레드카드 10, 48, 49
레프 야신 98
론도 25
루시 브론즈 44-45
루이스 펠리페 스콜라리 104-105
리누스 미헬스 104, 107
리오넬 메시 38-39
리켈메 턴 101

ㅁ
마누엘 다 코스타 48-49
마라도나 턴 100
마르세유 턴 100
마르타 79
마르틴 카세레스 10
마리우 자갈루 104
막시 로드리게스 103
메건 라피노 66-67, 68
멤피스 데파이 26
모하메드 살라 74-75
문전 쇄도 77
미니 게임 57
미드필드 플레이 80-85
　드리블 전진하기 81
　볼 빼앗기 83
　패스 방향 알려주기 82
　후방 지키기 80
　2선의 미드필더 80
미란다 35
미셀 플라티니 84
미아 햄 79

ㅂ
반칙 10, 48-49
　고의적 48
　시뮬레이션 49
　핸드볼 10, 49
발리슛 28-29
발 안쪽으로 감기 41
방어 44, 48, 86-91
　대인 방어 88

대치하기 87
볼 헤딩하기 34
수비 라인 88
수비수 등지기 64
슛 블로킹 89
지역 방어 88
백힐 패스 25
볼 컨트롤 30-33
　가슴 트래핑 33
　공중 볼 트래핑 32
　기술 연습 33
　머리 트래핑 33
　사이드풋 트래핑 31
　퍼스트 터치 30
　허벅지 트래핑 32
볼 헤딩하기 34-37
　공격수 34
　다이빙 헤더 37
　방향 전환 헤더 37
　상대보다 높이 점프하기 35
　수비수 34
　점프 타이밍 판단하기 35
　파워 헤더 36
　헤더 트래핑 36
부심 9
비센테 델 보스케 105

ㅅ
사와 호마레 85
사이드풋 트래핑 31
샘 커 60-61
선수
　교체 9, 10
　팀 구성 10
세르지오 에치고 101

센터포워드 16
슈팅 18–21
   목표 지점 정하기 19
   연습 21
슈퍼스타의 개인기 100–101
   리켈메 턴 101
   마라도나 턴 100
   크루이프 턴 43, 101
   호나우지뉴 플립플랩 101
슈퍼 테크닉 50–55
   드래그백 53
   라보나 50, 55
   스텝오버 51
   페인트 52
   플릭 54
숏 블로킹 89
스로인 11, 66–67
스위퍼 91, 93
스테프 하우턴 91
스텝오버 51
스트라이커 18
슬라이딩 태클 47
승부차기 9
시뮬레이션 액션 49
신패드 12, 14
실케 로텐베르그 99
심판 9
   대기심 9
   부심 9
   비디오 보조 심판 9

ㅇ
안드레아 피를로 85
알리송 베커 92–93
압박 축구 107
에당 아자르 70–71, 72
엘라티코 101
연장전 9
옐로카드 10, 48, 49
오프사이드 규칙 11
올리비에 지루 64–65
옵둘리오 바렐라 90
요한 크루이프 40, 78, 101, 107
워밍업 루틴 14, 15
원투 패스 연결 76–77
월드컵 위대한 골 102–103
유니폼 12, 13, 14
유니폼 컬러 12, 13
이브스 마리오 100
인사이드 킥(슛) 17, 20
인스텝 킥 17, 20

ㅈ
전방 발리슛 29
전방 태클 46
조이 퍼셋 91
지네딘 지단 85
지역 방어 69
지쿠 84
질 스콧 49

ㅊ
체력 56, 80
축구공 규격 13
축구 규칙 8–11
축구장 규격 9
축구화 12, 14, 17
측면 발리슛 29
측면 태클 46
칩 킥 17

ㅋ
카를루스 아우베르투 102
코너 에어리어 9
코너킥 11, 66, 68–69
대인 방어 69
코너킥 차기 8
지역 방어 69
코너 플래그 9
크루이프 턴 43, 101
크리스티아누 호날두 18–19
킥하기 16–17
   인사이드 킥 17, 20
   인스텝 킥 17, 20
   칩 킥 17
킬리앙 음바페 30–31, 86–87

ㅌ
태클 44–47
터닝 40–43
   발 바깥쪽으로 감기 42
   발 안쪽으로 감기 41
   크루이프 턴 43
토마스 무니에르 49
토탈사커 107
티키타카 107
팀 토크 58
팀 훈련 56–59
2대2 훈련 59
비공개 훈련 56
체온 유지 15
패스 연습 58–59
미니 게임 57
팀 토크 58

ㅍ
파올로 말디니 91
패스 22–25
   공간으로 패스하기 61
   기술 연습 25
   롱 패스 24
   백힐 패스 25
   쇼트 패스 23
   패스 기술 58–59
퍼스트 터치 30
페널티 에어리어 8, 10
반칙 10
페널티킥 10, 48, 70, 72–73
   기술 연습 72
   위치 잡기 73
   준비하기 72
   차기 73
페인팅 52
펠레 78, 102
포메이션 106–107
   3–5–2 107
   4–3–3 106
   4–4–2 106
폴 포그바 80–81
프란츠 베켄바우어 91, 104
프랑크 더부르 103
프렝키 더용 22–23
프리킥 10, 11, 19, 48, 49, 70–71
   간접 10, 70, 71
   직접 10, 70, 71
플레이 스타일 107
   압박 축구 107
   토탈사커 107
   티키타카 107
플릭 54
플립플랩 101
피렌치 푸스카스 78
피아 순트하게 105
피터 실튼 102
필드 8–9
필드 규격 8–9
필드 플레이 8–9

ㅎ
하프 발리 28
할 롭슨-카누 101
해리 케인 16–17
핸드볼 10, 11, 13, 49
헤게 리세 84
호나우지뉴 101
호나우지뉴 플립플랩 101
호베르투 카를루스 107
호세 루이스 칠라베르트 99
호프 솔로 99
후안 로만 리켈메 101
훈련법 56–59
히벨리뉴 101

etc
2대2 연습 59
5대5 미니 게임 57

감사의 말

이 책을 만드는 과정에서 도움을 아끼지 않으신 하펜든 콜츠와 킹스 랭글리 FC의 선수와 학부모님 여러분께 감사의 말씀을 드립니다.

사진 출처

책이 발간될 수 있도록 사진 재사용을 허락해주신 다음의 저작권자 여러분에게도 감사드립니다. 각 사진이 게재된 페이지 및 정확한 위치는 아래를 참조해주십시오.
(T: 위, B: 아래, L: 왼쪽, R: 오른쪽, C: 가운데)

아래에 표시되지 않은 사진은 모두 마이클 윅스에게 저작권이 있습니다.

GETTY IMAGES: /AFP: 90L; /Luis Acosta/AFP: 92–93; /Action Foto Sport/NurPhoto: 28–29; /Allsport UK: 84TR, 90R, 101BR; /Filipe Amorim/NurPhoto: 23BR; /Ahmed Awaad/NurPhoto: 75TR; /Lars Baron/FIFA: 91BL; /Robbie Jay Barratt/AMA: 16–17; /Bongarts: 102BL, 104BL; /Lutz Bongarts/Bongarts: 104C; /Jose Breton/NurPhoto: 49BR; /Chris Brunskill/Fantasista: 30–31; /David Cannon: 103TR; /Central Press: 98TL; /Robert Cianflone: 79TR; /Tim Clayton/Corbis: 60–61; /Fabrice Coffrini/AFP: 19TR; /Yuri Cortez/AFP: 50–51; /Monica M Davey/AFP: 84BL; /Patricia de Melo Moreira/AFP: 18–19; /Anthony Devlin/AFP: 57TL; /Johannes Eisele/AFP: 10–11; /Paul Ellis/AFP: 56–57; /Elsa: 44–45; /Baptiste Fernandez/Icon Sport: 66–67; /Stu Forster: 51TR; /Daniel Garcia/AFP: 105L; /Paul Gilham/FIFA: 105TR; /Georges Gobet/AFP: 102–103; /Allan Hamilton/Icon Sportswire: 68TL; /Alexander Hassenstein/Bongarts: 99TL; /Tom Hauck: 91L; /Mike Hewitt/FIFA: 105BR; /Jed Jacobsohn: 79BR; /Vincent Kalut/Photonews: 70–71; /Ozan Kose/AFP: 11TR; /Fred Lee: 35TR; /Bryn Lennon: 99R; /Alex Livesey: 40–41; /Buda Mendes/FIFA: 85BR; /Craig Mercer/MB Media: 22–23; /Jeroen Meuwsen/Soccrates: 80–81; /Robert Michael/AFP: 99BL; /Manny Millan/Sports Illustrated: 100; /Douglas Miller/Keystone/Hulton Archive: 98TR; /Sandra Montanez/FIFA: 85TR; /Dean Mouhtaropoulos: 41TR; /Paulo Oliveira/DPI/NurPhoto: 26–27; /Popperfoto: 78L, 85L, 91TR; /Gary M Prior: 107TR; /Professional Sport/Popperfoto: 91R; /David Ramos/FIFA: 9TL; /Andreas Rentz/Bongarts: 101TR; /Art Rickerby/The LIFE Picture Collection: 78B; /STF/AFP: 78R; /Jewel Samad/AFP: 49TR; /Sampics/Corbis: 103BR; /Lukas Schulze/FIFA: 81TR; /Jamie Squire/FIFA: 48–49; /Catherine Steenkeste: 86–87; /TF-Images: 31BR; /Bob Thomas Sports Photography: 79L, 84C, 98BL, 101L, 107B; /VI-Images: 64–65, 104TR; /Vincent Van Doornick/Isosport/MB Media: 34–35; /Loic Venance/AFP: 72TL; /Pedro Vilela: 38–39, 93BL; /Visionhaus: 74–75; /Zhizhao Wu: 6–7

PA IMAGES: /Peter Robinson: 102TL

출판사는 책에 수록된 모든 사진의 저작권을 보호하기 위해 최선을 다했지만, 본의 아니게 오사용 또는 출처 표시 누락이 있을 수 있습니다. 이는 해당 저작권자와의 직접 확인을 통해 향후 개보정판에 반영할 예정입니다.